かぎ針編みと刺繡で描く

ルナヘヴンリィの
小さなお花の動物たち

Lunarheavenly
中里華奈

河出書房新社

Introduction

かぎ針で編んだ小さなお花を集めてアクセサリーを作っています。
いくつも作品を作っているうち、もっといろいろなかたちを表現してみたくなり、
思いついたのが、刺繍でした。
レース編みでは表現できない細かな部分を刺繍で描いてみたら、今までできなかった
複雑なかたちの作品が作れるようになりました。
そして生まれたのが、本書で紹介する体にお花をまとったちょっと不思議な、
だけど愛らしい動物たちのブローチです。

たとえば、ハリネズミには春の野の花が似合うかな。
キンギョには和風なイメージのツバキが似合うかな。
そんなふうに想像しながら作りました。

動物たちのやわらかな毛並みを、刺繍糸1本どりで意識しながら刺していくと、
きっと魅力的な子ができあがると思います。
黒糸で刺した目に、白糸で光を入れると、小さな命が宿ったかのように、
たちまち表情が生き生きとします。
私の大好きなその瞬間をみなさまにもぜひ味わっていただきたいです。

刺繍とレース編みを組み合わせた、
ちょっと欲張りな作品ですが、段階を踏んでいけば
手芸初心者の方でも難しくはありません。
時間をかけて少しずつ作っていくと、より愛しい存在になります。

自分だけの動物を胸につける日をイメージしながら
一つひとつのプロセスを楽しんでいただけましたらうれしいです。

Lunarheavenly 中里華奈

Contents

		作品	作り方
Introduction		2	
この本の見方		5	
ホワイトスワン		6	54
ブラックスワン		7	54
アルパカ		8	56
フラミンゴ		9	58
セキセイインコ		10	22
マメルリハインコ		11	64
オカメインコ		11	62
文鳥		11	62
ヒツジ		12	66
アヒル		13	60
ハリネズミ		13	68
リス		13	18
ネコ		14	72
コーギー		14	70
白ウサギ、野ウサギ		15	74
キンギョ		16	78
シロクマ		17	76
カワセミ		17	60
カラス		17	78
クジラ		17	64

基本の作り方　1　リス ——————————— 18

基本の作り方　2　セキセイインコ ——————— 22

基本の道具 ——————————————————— 26

基本の材料 ——————————————————— 27

基本の編み目記号と編み方 ———————————— 28

草花パーツを編む ————————————————— 30

　小花(大)の編み方 ———————————————— 30

　小花(小)の編み方 ———————————————— 32

　花びらアレンジ★の編み方 ——————————— 33

　スミレの編み方 ————————————————— 34

　葉の編み方 ——————————————————— 35

　カワセミの尾の編み方 ————————————— 35

　ツバキの編み方 ————————————————— 36

　パンジーの編み方 ———————————————— 38

　アネモネの編み方 ———————————————— 40

　タンポポの編み方 ———————————————— 42

　シロツメクサの編み方 ————————————— 44

　三つ葉(大)(小)の編み方 ———————————— 46

　四つ葉(大)(小)の編み方 ———————————— 46

　ダリアの編み方 ————————————————— 47

着色する ——————————————————————— 50

カラーチャート ——————————————————— 51

刺繍する ——————————————————————— 52

この本の見方

◆材料について
・本書で紹介している材料は、メーカーや販売店によって名称が異なる場合があります。また、材料に関する情報は2017年10月時点のものです。商品によっては、メーカーの都合で生産中止や廃盤になることもありますので、ご了承ください。

◆刺繍について
・作品に使用している糸はすべて25番刺繍糸です。指定以外はすべて1本どりで刺繍します。

◆草花パーツについて
・草花パーツについては、すべて編み図を掲載し、詳しい手順を紹介しています。材料や道具、基本の編み目記号と編み方については、P.26～29をご参照ください。
・草花パーツの表は、作品に必要なパーツの種類と個数、編み方、配色番号をまとめたものです。配色番号については、P.51のカラーチャートの番号を記載しています。パーツを着色する際の目安にしてください。

ホワイトスワン

真っ白なボディーに気品あふれるブルー系の花をまとって。水の上の女王のように凛とした表情です。
How to make　P.54

ブラックスワン

たくさんの花もモノトーンでまとめるとグッとモダンに。ピンク色のくちばしと首のラインがポイント。
How to make　P.54

アルパカ

もふもふの毛並みは、ふんわりとやさ
しいパステルカラーのお花たちで。
小さくても存在感はたっぷり。
How to make　P.56

セキセイインコ

レモンイエローの体に、ブルーや
グリーンの花と尾がロマンチック。
くちばしと足のピンクを刺し色に。

How to make　P.22

マメルリハインコ

パンジーや小花をブルーでまとめ、幸せを呼ぶといわれている青い鳥のように

How to make　P.64

文鳥

ほんのりとピンク味がかかった花々が、くちばしと足の珊瑚色を可憐に引き立てて。

How to make　P.62

オカメインコ

恥じらうように赤く染まった頬がチャームポイント。爽やかなレモンイエローの濃淡で。

How to make　P.62

ヒツジ

アンティークカラーの花々は、シックで大人っぽい印象に。生成りの糸を使って編んでいます。

How to make　P.66

アヒル

澄んだ瞳と形のよいくちばしが
ポイント。大きなパンジーを
中心にやさしい色でまとめて。

How to make　P.60

ハリネズミ

シロツメクサ、タンポポ、
クローバー……、春の野を
体にふっくらとまとって。

How to make　P.68

リス

草花がたっぷりの大きなしっぽが
ご自慢のリス。大好物のラズベ
リーを手に持たせてあげて。

How to make　P.18

ネコ

上品なパステルカラーのお花がおすまし顔にお似合い。耳元としっぽの小花もエレガント。

How to make　P.72

コーギー

スミレやパンジーなど春の花をまとった、口元がおちゃめなコーギー。耳につけた小花がアクセントに。

How to make　P.70

白ウサギ、野ウサギ

刺繍糸1本どりで表現したふっくらした毛並みと澄んだ瞳が印象的。パンジーと小花をバランスよく配して。

How to make　P.74

シロクマ

立ち姿がスタイリッシュなシ
ロクマ。お花畑のようなボト
ムスがよく似合っています。

How to make　P.76

カワセミ

ダリアやパンジーなどで彩ら
れた花の翼を広げて、川面を
飛んでいるかのように。

How to make　P.60

カラス

小花を散りばめた中に、大輪
のブラックツバキが1輪。
気品あるたたずまいです。

How to make　P.78

クジラ

水中をゆったりと泳ぐのびや
かなフォルム。美しいブルー
のボディーは海の妖精のよう。

How to make　P.64

基本の作り方 1

リス

動物たちの代表としてリスの作り方をご紹介します。どの作品も大まかな手順は同じなので、参考にしてください。

口絵 —— P.13

[材料]

型紙
フェルト（15×15cm）　1枚
25番刺繍糸
　DMC：543（ベージュ）、3713（ピンク）
　　819（ベージュピンク）、3863（茶色）
　　310（黒）、3832（赤）、BLANC（白）　各適量
レース糸（白／#80・#120・#160）各適量
アートフラワー用染料　各適量→P.27参照
ブローチピン（28mm）　1本

[型紙]　100%

矢印の方向に切り込みを入れる

※コピーまたは線を写しとってご使用ください。

[作り方]　I 型紙を写す

1 フェルトの上に切り取った型紙を置き、水で消えるペンで輪郭を写す。切り込みを入れた部分は型紙の一部をめくり、輪郭をつなげる。

2 刺繍枠にセットする。

II 刺繍をする　①輪郭：ベージュ、白…アウトラインステッチ

1 刺繍針にベージュの刺繍糸を通し、刺繍や花で隠れるおしりの部分に裏から針を入れ1目刺す。（玉結びは作らない）

2 輪郭にそって、刺繍を入れる範囲をアウトラインステッチする。

3 リスの場合、おなかは白で刺すので、おなか部分は白の刺繍糸でアウトラインステッチをする。

② 目／黒、白…フリーステッチ

黒で十字に刺してから、全体を肉づけするように埋めると形がとりやすい。

黒の上に白を少しだけ刺して光を入れる。

③ 耳、頭／ピンク、サンドベージュ…フリーステッチ

左耳の内側をピンクで刺してから、耳の外側をベージュで刺す。

右耳を刺してから頭から鼻までを刺す。

④ 鼻／茶色

タテに2〜3本刺す。

⑤ 手、足／サンドベージュ…サテンステッチ

全体を埋めるように刺す。

⑦ 体／サンドベージュ、ベージュピンク…フリーステッチ

ベージュピンク

まず目のまわりの白く残す部分の輪郭を刺してから、体全体の毛並みにそって大まかに刺す。糸の間を埋めていくようにフリーステッチをする。

型紙線で切る

1〜2mm外側を切る

⑥ 指定のあるもの以外は、すべて刺繍糸1本どりで順番に刺す（各ステッチの刺し方→P.52）。尾は花や葉のパーツで埋めるので刺繍しない。刺繍がすべて刺せたら、枠からはずし、刺繍部分の輪郭から外側1〜2mmを残し、尾の部分は型紙線にそってフェルトをカットする。

⑥ 口まわり、おなか／白…フリーステッチ

鼻の下からあごにかけての口まわりと、胸を刺す。

白で輪郭をとったおなかの部分を刺す。

⑧ ラズベリー／赤（2本どり）…フレンチノットステッチ

ラズベリーは赤の糸2本どりで刺していく。

III 草花パーツを作る

使用する草花

	パーツ名	糸の太さ	個数	編み方	配色(P.51)
A	タンポポ	#80	1	P.42	1番
B	シロツメクサ	#80	1	P.44	13番
C	三つ葉(小)	#80	2	P.46	14番
D	三つ葉(小)	#120	1	P.46	13番
E	四つ葉(小)	#80	1	P.46	14番
F	小花(大)	#80	1〜2	P.30	1番、3番
G	小花(小)	#120	3〜4	P.32	4番
H	小花(小)	#160	1	P.32	6番
その他	小花(小)	#80	13〜15	P.32	1番、2番、3番、21番

※CとDやGとHのように同じ編み図で糸の太さを変えると、できあがりの大きさが変わります。小花は縫いつける位置や縫いつけ方で個数が変わってくるので、少し余分に用意しておいてもよいでしょう。

上の表を参照し、必要なパーツを編んで染めて乾かしておく。刺繍の終わったフェルトは、水を含ませたキッチンペーパーなどを当てて、輪郭線を消しておく。

IV 輪郭→内側の順に、草花を縫いつける

1 小花を尾の輪郭にそって縫いつける。花から出ている糸に針を通し、花の中心の少し外側を2〜3カ所フェルトに縫いつける。

2 最後は後ろに糸を出し、フェルトに1目刺してから糸を短く切る。(玉結びは作らない)

3 1〜2を繰り返し、フェルトの尾の輪郭から1mm程度外側にはみ出すように小花をぐるりと縫いつける。

Point
タンポポのように花びらが重なっている花は、上の花びらをめくって中心のほうに針を入れて縫いつける。

4 タンポポ、シロツメクサなどメインの花を縫いつける。その後、三つ葉や四つ葉、小花などを下のフェルトが見えないように隙間に縫いつける。尾が草花パーツで埋まったら、刺繍をした体や耳の下にも小花や三つ葉を縫いつける。

V ブローチとして仕上げる

1 刺繍後にカットした余りのフェルトに型紙を当てて、4〜5mm程度外側をざっくりとカットする。

2 裏側の中心にブローチピンを縫いつける。

3 花をまとったリスの裏側に接着剤をつける。このとき表の花に接着剤をつけないように注意する。2のブローチピンをつけていない面と合わせる。

4 接着剤が固まるまで目玉クリップなどでしっかり固定しておく。

5 裏の余分なフェルトを表に合わせてカットする。刺繍部分にマスキングテープを貼って、草花パーツに硬化液スプレーをかける。

6 ピンセットで花の形を整えて完成。

基本の作り方 ②

セキセイインコ

セキセイインコなど輪郭が複雑でないものは、アウトラインステッチではなくワイヤーで輪郭をとってから刺繍することで、より立体的な仕上がりになります。

口絵 —— P.10

[材料]
型紙
フェルト（15×15cm）　1枚
25番刺繍糸／DMC：964（エメラルドグリーン）、
　3078（黄）、162（水色）、3713（ピンク）、
　819（ベージュピンク）、310（黒）、
　BLANC（白）　各適量
レース糸（白／#80・#120）　各適量
アートフラワー用染料　各適量→P.27参照
ワイヤー（白／#35）　適量
ブローチピン（35mm）　1本

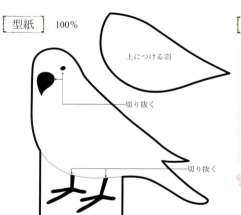

[型紙]　100%
上につける羽
切り抜く
切り抜く
※コピーまたは線を写しとってご使用ください。

[作り方]　I 型紙を写す

1. フェルトの上に型紙を置き、水で消えるペンで輪郭を写す。

2. 切り抜いた部分は内側の輪郭を描く。刺繍枠にセットする。

II ワイヤーで刺繍部分の輪郭をとる

1. 刺繍針に黄の刺繍糸を通し、花で隠れる背の部分に裏から針を入れ1目刺す。（玉結びは作らない）

2. 刺繍をしない部分は、あとで型紙の輪郭にそってカットするのでハサミが入るように2〜3mm内側にワイヤーを縫い留める。刺繍部分は型紙の輪郭にそうように縫い留める。

3. 曲線がなだらかなところは7〜8mm間隔で、カーブのきついところは3〜4mm間隔でコーチングステッチ（→P.53）しながら縫い留めていく。

4 足の部分は糸をピンクに変える。細かいので、ピンセットでワイヤーを曲げながら、3〜4mm間隔でコーチングステッチをしていく。

5 尾はエメラルドグリーンの糸で、輪郭にそってワイヤーを留める。

6 ワイヤーで1周したら、始まりのワイヤーの端と1cm程度重ねてコーチングステッチで留め、余分なワイヤーを切る。

III 刺繍をする

1 くちばし・顔／ピンク、ベージュピンク、水色、黄…アウトラインステッチ、フリーステッチ

2 目／黒、白…フリーステッチ

十字に刺してから、肉づけするように刺すと形がとりやすい。黒の上に白糸で光を入れる。（→P.19 2）

ピンクでくちばしの輪郭をアウトラインステッチでとり、フリーステッチで埋める。

↓

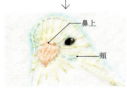

ベージュピンクで鼻上の模様を刺し、水色で頬を刺す。顔は、黄で、全体の羽の流れを刺してから、フリーステッチで埋める。

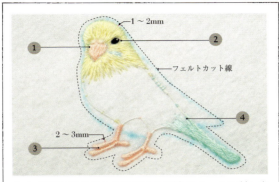

すべて刺繍糸1本どりで順番に刺す（各ステッチの刺し方→P.52）。体の中心は花で埋めるので刺繍はしない。刺繍がすべて刺せたら、枠からはずし、足以外の刺繍部分は輪郭の外側1〜2mm、足のまわりは2〜3mmを残し、刺繍のない部分は輪郭線にそってフェルトをカットする。

4 尾／エメラルドグリーン…フリーステッチ

ワイヤーが見えなくなるようにフリーステッチで埋める。

3 足／ピンク・オーバーキャストステッチ

 →  →  →

ワイヤーの上に糸が渡るように刺す。

足先は矢印の方向に3〜4回糸を刺す。

次に足先のステッチに重ねるように矢印の方向、ワイヤーに対して垂直に刺していく。

足先はすべて同様に。

IV 草花パーツを作る

使用する草花

	パーツ名	糸の太さ	個数	編み方	配色(P.51)
A	パンジー	#80	1	P.38	18番
B	スミレ	#80	1	P.34	1番
C	葉	#80	2	P.35	18番
D	小花(小)	#80	1	P.32	1番
E	小花(小)	#120	1	P.32	18番
その他	小花(大)	#80	14〜15	P.30	1番、13番、18番

※DとEのように同じ編み図で糸の太さを変えると、できあがりの大きさが変わります。小花は縫いつける位置や縫いつけ方で個数が変わってくるので、少し余分に用意しておいてもよいでしょう。

上の表を参照し、必要なパーツを編んで染めて乾かしておく。刺繍の終わったフェルトは、水を含ませたキッチンペーパーなどを当てて、輪郭線を消しておく。上につける羽用のフェルトも用意する。

V 草花パーツを縫いつける

1. 上につける羽の先に葉を縫いつける。さらに本体のおなか側に小花を隙間なく縫いつける。このとき、フェルトより1mmほどはみ出るようにする。

2. 上につける羽のまわりにも、小花を縫いつける。

3. 上につける羽の中心にパンジー、スミレを縫いつける。パンジーは上側の花びらをめくって、奥のほうに針を入れて縫いつけるようにするとよい。

VI 羽を縫いつける

1. 上につける羽を、いったん本体の上に置いて位置を確認する。

2 上につける羽の裏側に両面テープをつけて、1の位置に仮留めする。

3 背中側の本体と重なっているフェルトを本体も通して縫い合わせる。このとき花を縫わないように注意する。

4 おなか側は本体の裏から針を入れ、花をめくって1mm内側を3～4mm間隔で針を刺して縫い留めていく。

VII ブローチとして仕上げる

1 P.21のVを参照してブローチピンをつける。

2 裏のフェルトの余分なところをカットして、草花パーツに硬化液スプレーをかけて花の形を整えて完成。

| Point

刺繍の輪郭のとり方は2パターン

本書では、形が複雑な作品はアウトラインステッチで輪郭をとり、それ以外は、ワイヤーを縫いつけて輪郭をとっています。どちらのパターンで作っても大丈夫ですが、ワイヤーを入れたほうが刺繍のエッジに立体感が出ます。

● アウトラインステッチをしてから
刺繍をしている作品
ハリネズミ、リス、白ウサギ、野ウサギ、マメルリハインコ（足まわりのみワイヤー）

● ワイヤーを縫いつけてから
刺繍をしている作品
スワン、アルパカ、フラミンゴ、セキセイインコ、オカメインコ、文鳥、ヒツジ、アヒル、コーギー、ネコ、シロクマ、クジラ、カワセミ、カラス、キンギョ

ワイヤーなし

ワイヤーあり

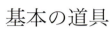 ## 基本の道具

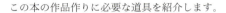 この本の作品作りに必要な道具を紹介します。

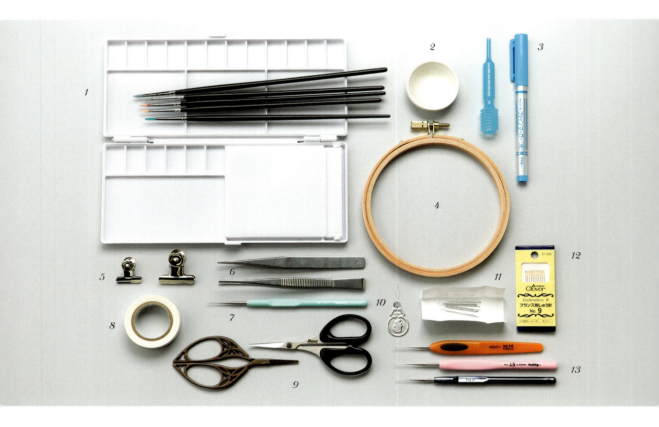

1 絵筆・パレット
絵筆は0号を色ごとに使い分けると、きれいに着色できます。パレットに染料を出して薄めたり、混ぜたりします。

2 小皿・スポイト
小皿は染料を入れて混ぜるのにも、小さなパーツを入れたりするのにも使用。スポイトは染料を水で薄めたいときに。

3 水で消えるペン
フェルトに型紙を置いて写しとるのに使います。間違えても、水を含ませた布で押さえれば線が消えます。

4 刺繍枠
直径12cmを使用。内側の枠の上にフェルトをのせて、外側の枠を上からしっかりはさみこんでネジをしめます。

5 目玉クリップ
最後の仕上げで、ブローチピンを縫いつけたフェルトを裏側に接着する際に仮留め用に使います。

6 ピンセット
編んだパーツの形を整えたり、ビーズをつまんだり、輪郭にそってワイヤーをつけるときなどに使用。

7 目打ち
花びらを重ねながら編むときなど、目が小さくてかぎ針が入りにくいときに、これで編み目を広げます。

8 マスキングテープ
硬化液スプレーや接着剤を使用する際に、刺繍やモチーフの上に貼ってつかないようにします。

9 ハサミ
糸やフェルトを切るものと、ワイヤーを切るものを使い分けます。先が細く、よく切れるものを。

10 糸通し
縫い針に糸を通すときに使います。扱う糸や針が細いので必須。刺繍針に刺繍糸を通すときにも。

11 縫い針
編んだパーツを動物本体に縫いつけるときに使います。細く短いもののほうが使いやすいようです。

12 刺繍針
25番刺繍糸1本どり用の細いものを使用します。

13 レース針
糸の太さに合わせて0.35～0.5mmのレース針を使い分けます。手になじむものを選びましょう。

26

基本の材料

 糸やフェルト、染料など、作品作りに使用する材料です。

1 レース糸
この本ではDMCの白か生成りを使用しています。太さは#80のほかに#100、#120、#160など。ミシン糸でも代用可。

2 刺繍糸
リスのラズベリー以外は、この本ではDMC25番刺繍糸を1本どりで使用します。色は作品に合わせて準備しましょう。

3 フェルト
色は白で、サイズは15×15cm程度のものを1作品につき1枚準備します。

4 ビーズ
編んだパーツの花芯にガラスビーズやパールビーズを使うとより華やかに。作品によって使い分けます。

5 両面テープ
フェルトに型紙を置いて切るときや、セキセイインコなど小鳥の羽を縫いつけるときに、仮留め用に使います。

6 ブローチピン
作品をブローチに仕立てる場合は、裏面用のフェルトに縫い留めます。サイズは作品に合わせて選びます。

7 硬化液スプレー
編んだパーツの型崩れ防止に使用します。刺繍部分にはマスキングしてかからないようにします。

8 ワイヤー
刺繍をする前に#35番(白)で、輪郭をとることで立体感が生まれます。作品によって使わない場合もあります。

9 接着剤
仕上げで裏フェルトと表フェルトをつけるときや、花芯にビーズをつけるときに使います。

10 アートフラワー用染料
編んだパーツを染めるときに使用します。作品は主に誠和のローパスロスティを使用しています。染め方とカラーチャートは、P.50〜51参照。

基本の編み目記号と編み方

草花パーツを編むときに必要になる編み目記号とその編み方です。

✕ = こま編み

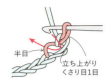   

1. 立ち上がりのくさり目を1目編む。※この目は目数に数えない。
2. 1目めの半目に針を入れ、針先に糸をかけて引き抜く。
3. もう一度、針先に糸をかけて矢印の方向に引き抜く。
4. 2〜3を繰り返す。

⊤ = 中長編み

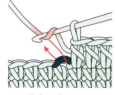   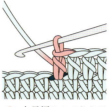

1. 針先に糸をかけてから、前段の頭の糸2本の中に針を入れる。
2. 針先に糸をかけて矢印の方向に引き抜く。
3. 再び、針先に糸をかけて矢印の方向に引き抜く。
4. 中長編みのできあがり。

⊤ = 長編み

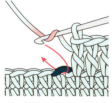  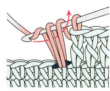 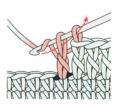 

1. 針先に糸をかけ、前段の頭に針を入れる。
2. 針先に糸をかけて矢印の方向に引き抜く。
3. 再び、針先に糸をかけて左から2ループを引き抜く。
4. もう一度、針先に糸をかけて残りの2ループを引き抜く。
5. 長編みのできあがり。

⊤ = 長々編み

1. 針先に糸を2回巻いてから、前段の頭に針を入れる。
2. 針先に糸をかけ引き抜いてから、再び針先に糸をかけて矢印の方向に引き抜く。
3. 再び、針先に糸をかけて矢印の方向に引き抜く。
4. 3を繰り返す。
5. 長々編みのできあがり。

╪ = 三つ巻き長編み

     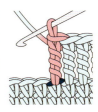

1. 針先に糸を3回かけて、前段の頭に針を入れる。
2. 針先に糸をかけ矢印の方向に引き抜く。
3. 再び、針先に糸をかけて矢印の方向に引き抜く。
4. 3と同じことを繰り返す。
5. 3と同じことを2回繰り返す。
6. 三つ巻き長編みのできあがり。

● = 引き抜き編み

1. 立ち上がりのくさり目は編まずに、前段の頭2本に針を入れる。
2. 針先に糸をかけ矢印のように引き抜く。

∨ = こま編み2目編み入れる

1. 前段の頭に針を入れてこま編みを1目編む。
2. 1と同じ頭に針を入れてこま編みを編む。
3. こま編み2目編み入れるのできあがり。

╳ = こま編みのすじ編み

1. こま編みをするときに前段の2本をすくわずに、向こう側1本のみを針ですくってこま編みする。

V = 長編み2目編み入れる

 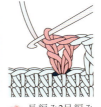

1. 前段の同じ目に長編みを2本編む。
2. 長編み2目編み入れるのできあがり。

3目以上編み入れる場合も！

3目以上編み入れる場合も要領は同じです。例えば、三つ葉は、同じ目に5回ずつ三つ巻き長編みをして形を作ります。

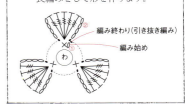

編み終わり(引き抜き編み)
編み始め

○ = くさり編み

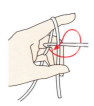 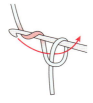 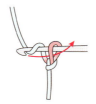 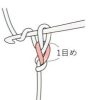

↓引っぱる

1. かぎ針を矢印のように回して糸をかける。
2. 針先に糸をかけて矢印のように引き出す。
3. 糸端を引いてループの大きさを整える。
4. 針先に糸をかけて矢印のように引き出す。これが1目め。
5. 指定の数だけ、針先に糸をかけて引き出すことを繰り返す。

草花パーツを編む

動物たちを飾る草花パーツを編んでみましょう。写真はわかりやすいように20番の糸で編んでいます。実際には指定の太さで編んでください。

小花(大)の編み方

わの作り目をしてこま編みを1段編んで花芯を作り、2段めで花びらを編みます。

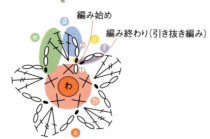

ⓐ わを作る

1 左手の人さし指の先に糸を2回巻きつける。

2 巻いた糸をはずし、交差しているところを左手の人さし指と親指で持つ。

3 このとき、左手の薬指に糸を2回巻きつけて、以後糸の強さを調節するようにする。

4 かぎ針の先をわの中に入れる。

ⓑ くさり1目分立ち上がってから1段めをこま編みする

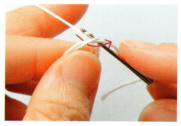

5 わの中に入れたかぎ針の先に糸をかける。

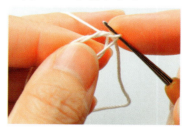

6 手前に引き出す。

7 わの外側でかぎ針の先に糸をかける。

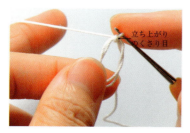

8 かぎ針にかかっているループの中に引き抜く。これが立ち上がりのくさり1目分になる。

9 再び、わの中に針先を入れて糸をかける。

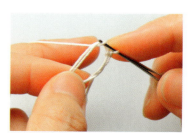

10 わの手前に引き出す。

11 わの外側で針先に糸をかけ、かぎ針にかかっているループの中に引き抜く。

12 これが1目めのこま編みになる。

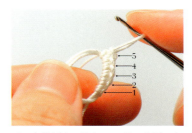
13 小花(大)の場合は、5目こま編みをする。

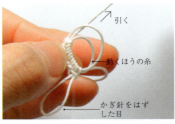
14 かぎ針をいったんはずし、短いほうの糸端を少し引き、わの糸のどちらが動くか確認する。

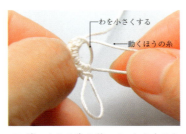
15 動いたわの糸を引いて、わを小さくする。

16 しっかり引ききる。

c 引き抜き編みをする

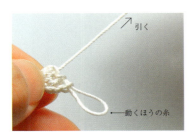
17 再び糸端を引いて、外側に出た糸を引き締める。

18 最後の目に再びかぎ針を入れ、1目めの頭の糸2本の下に針を入れ、糸をかける。

19 引き抜く。これで1段め(花芯)の完成。

d 2段めを編み始める

20 立ち上がりのくさり目を2目編む。

21 針先に糸を1回かけて、長編みをする(→P.28)。

22 長編みまで編んだところ。

e 長々編み、長編みをして次の目で引き抜く

㉓ 針先に糸を2回かけて、長々編みをする（→P.28）。

㉔ 長々編みの完成。

㉕ 長編みをする。

㉖ くさり目を2目編む。

㉗ 2目めのこま編みの頭の糸2本の下に針を入れ、針先に糸をかける。

㉘ 引き抜く。これで花びらが1枚完成。

f 残りの花びらを編んで完成

㉙ 5枚めの花びらの長編み、くさり目2目を編んだところ。

㉚ 1段めのこま編みの1目めの頭に針先を入れ、糸をかけて引き抜く。引き抜いた糸は25cm程度残して切る。

㉛ 小花（大）の完成。編み始めの糸は、引き締めてから目立たないところに3〜4目分通してから切る。

小花（小）の編み方

1段めまでは小花（大）と同様。2段目はくさり編みと長編みで花びらを編みます。

a 長編み2目編み入れる

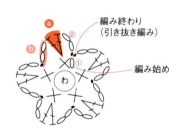

① 小花（大）のa〜cまでは同様。1段めを編んだら、くさり2目を編んでから長編みを編む。

ⓑ くさり目を編んで引き抜く

② 1目めに長編みを2目編み入れる（→P.28）。

③ くさり目を2目編んでから次の目の頭に針を入れて引き抜き編みをする（→P32・27）。

④ 1〜3をあと4回繰り返し、最後は1目めの頭に針を入れて引き抜く（→P32・30）。

花びらのアレンジ ★の編み方

先がとがった花びらを編みたいときにはこの方法で。アネモネ、ダリアも同様です。

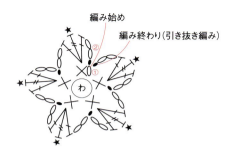

① 2段めの★の前、長々編みまで編んだところ。

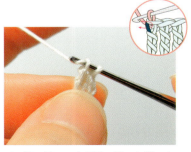

② 長々編みのすぐ下の足の左端の糸（イラスト参照）に針を入れて針先に糸をかける。

③ 引き抜く。

④ あとは編み図どおりに編む。とがった花びらをした小花の完成。

小花の実物大見本

作品の中でいちばん多く出てくるのが小花です。編み図は（大）・（小）の2種類ですが、糸の太さを変えることでサイズに差をつけることができます。刺繍糸やミシン糸で編んで、バリエーションを増やすことも可。

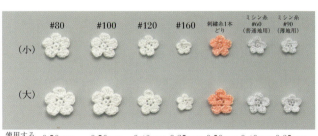

スミレの編み方

1段めまでは小花（大）と同様です。2段めはくさり目4目で立ち上がり、三つ巻き長編みを3目編み入れて、花びらの形を作っていきます。

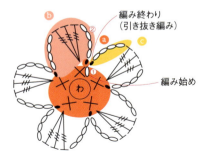

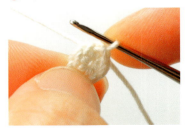

ⓐ 1段めを編む

1 小花（大）と同様に1段めのこま編みを5目編み入れ、最後は引き抜き編みをする。

ⓑ くさり4目で立ち上がって、三つ巻き長編みを3目編み入れる

2 くさり目を4目編む。

3 三つ巻き長編み（→P.29）を3目編み入れる。

4 再びくさり目を4目編む。

ⓒ 残りの花びらを編んで完成

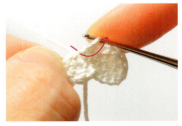

5 次の目の頭に針を入れて糸をかけ、引き抜き編みをする。

6 2〜5を繰り返して、花びらを5枚編む。

7 5枚めの最後は、くさり目を4目編む。

8 1目めの頭に針を入れて引き抜き編みをする。

9 スミレの完成。

葉の編み方

花と違い、くさり目の作り目をします。くさり目の頭の半目を拾いながらこま編み、長編み、長々編みをぐるりと1周編んで葉のラインを作ります。

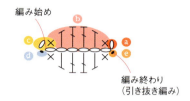

編み始め
編み終わり（引き抜き編み）

a 立ち上がりのくさり目を編む

1 くさり目を6目編んだら（→P.29）、さらに立ち上がりのくさり目を1目編む。

b こま編み、中長編み、長編みの順に編む

2 かぎ針から2目めの頭の糸の1本に針を入れてこま編みを編む（→P.28）。

3 中長編み、長編み、長編み、中長編みまで編んだところ。

c くさり目を1目編む

4 こま編みを編んだら、くさり目を1目編む。

d 引き抜き編みをする

5 6目めのこま編みを編んだくさり目の残り半目に針を入れて、引き抜き編みをする。

6 くさり目の残りの半目を拾いながら b と同様に編む。

e 引き抜き編みをする

7 1目めのこま編みの頭に針を入れて引き抜き編みをする。

8 葉の完成。

カワセミの尾の編み方

葉と同様にくさり目の作り目を6目編んでから1目くさり目を立ち上げます。くさり目の半目を拾いながら、こま編みと中長編みでぐるりと1周編みます。

編み始め
編み終わり（引き抜き編み）

ツバキの編み方

1段めまでは小花（大）と同様です。3〜4段はこま編みのすじ編みで増し目しながら編み、5段めで花びらを編みます。6段めは3段めに、7段めは2段めに花びらを編んで重ねます。

※写真はわかりやすいように段ごとに色を換えて編んでいます。

1〜5段めの編み図　5段目の終わり（引き抜き編み）+ くさり2目 ⇒6段目へ

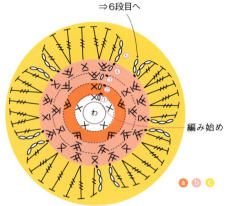

編み始め

ⓐ 2段めから増し目する

1. こま編みを2目編み入れる（→P.29）を4回編んで、4目増し目をする。

● 1〜4段めまでの目数表

段	目数	増し方
4	25	9目増す
3	16	7目増す
2	9	4目増す
1	わに5目編み入れる	

ⓑ 3〜4段はすじ編みで編む

2. 3段めはこま編みのすじ編みを2目編み入れる（→P.29）を7回編んで7目増やす。

3. 1目めの頭に針を入れて引き抜き編みをすれば3段めの完成。16目になっている。

4. 4段めも同様に9目増やして25目に。1目めの頭の糸に針を入れて引き抜き編みをする。

ⓒ 花びらを5枚編む

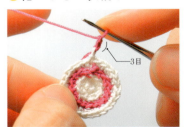

5. 立ち上がりのくさり目を3目編む。

6. 1目めは長々編み（→P.28）をする。

7. 三つ巻き長編み（→P.29）、長々編み、くさり目を3目編む。

くさり目3目
長々編み
三つ巻き長編み2目編み入れる

8 5目めの頭で引き抜き編みをすれば、花びら1枚の編み上がり。

9 5〜8を繰り返して、5枚の花びらを編む。

10 次の段に移るためのくさり目を2目編む。

6段めの編み図

4〜5段めを省略

d 3段めの手前半目に編み入れる

11 3段めの1目め、手前半目に針を入れ引き抜き編みをする。

12 立ち上がりのくさり目を3目編む。

e 花びらを4枚編む

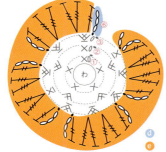

13 1目めに長々編みをし、2目めに三つ巻き長編みを2目編み入れる。

14 三つ巻き長編みを2目編み入れ、長編み、くさり目を3目編んでから引き抜き編みをする。

15 3段めの半目を拾いながら4枚の花びらを編んだら、次の段の移るためのくさり目を2目編む。

7段めの編み図

3〜6段めを省略

f 2段めに花びらを3枚編む

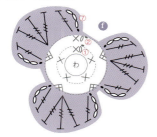

16 2段めの1目め、手前半目に針を入れ引き抜き編みをする。

17 2段めの手前半目を拾いながら、花びらを3枚編む。

上パーツの編み図

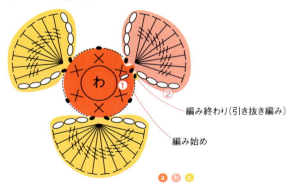

編み終わり(引き抜き編み)
編み始め

ⓐⓑⓒ

パンジーの編み方

上パーツ、下パーツをそれぞれ編み、染めてから中心を縫い合わせます。

ⓐ 1段めは6目こま編みを編み入れる

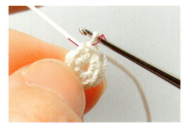

1 6目こま編みを編み入れたら、最初の目の手前半目に針を入れて引き抜き編みをする。

ⓑ 三つ巻き長編みを8目編み入れる

2 立ち上がりのくさり目を4目編む。

3 三つ巻き長編み(→P.29)を8目編み入れる。

4 くさり目を4目編んでから、同じ目に針を入れて引き抜き編みをする。

ⓒ 1目おきに花びらを編む

5 2目めは引き抜き編みのみをする。3目めは手前半目に針を入れて、2～4と同様に花びらを編む。

6 引き抜き編みと2～4を交互に繰り返し、最後は、1目めに針を入れて引き抜き編みをする。

7 上パーツの完成。

下パーツの編み図

ⓓ 三つ巻き長編みを9目編み入れる

⑧ わに8目こま編みを編み入れてから、手前半目に針を入れて引き抜き編みをする。くさり目を3目立ち上げる。

⑨ 三つ巻き長編みを9目編み入れ、再びくさり目を3目編んで同じ目に引き抜き編みをする。

ⓔ 2枚目の花びらを編み、3枚めはⓓと同様に編む。

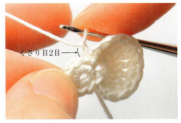

⑩ 次の目の手前半目に針を入れ引き抜き編みをしてから、くさり目を2目立ち上げる。

⑪ 次の目の半目に針を入れ長編みを2目編み入れることを4回繰り返す。

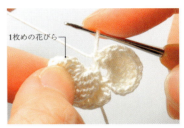

⑫ 8目めは、8～9と同様に花びらを編む。このとき、1枚めの花びらを手前に倒すと編みやすい。

上パーツ、下パーツを重ねて縫い留める

※写真はわかりやすいように赤い糸を使用しています。

⑬ 下パーツの編み終わりの糸を表から見えないところで3～4目分くぐらせて切る。上パーツの糸に針を通す。

⑭ 下パーツの大きい花びら2枚が上に少し見えるように上パーツと重ねる。(※ここでは着色を省略)

⑮ 裏から上パーツの中心より少し外側に針を出し、1～2mm離れたところから針を入れて裏側に出す。

⑯ 中心より少し外側を5カ所ほど縫い留めて、最後は裏に糸を出す。

⑰ パンジーの完成。

⑱ 裏の状態。

アネモネの編み方

わにこま編みを6目編み入れて、3段めまで増し目しながら編みます。4段めで花びらを6枚編み、5段めは、2段めの半目を拾いながら花びらを6枚編みます。

※写真はわかりやすいように段ごとに色を換えて編んでいます。

4段めの終わり（引き抜き編み）+
くさり編み3目
⇒5段めへ

編み始め

●1～3段めまでの目数表

段	目数	増し方
3	18	6目増す
2	12	6目増す
1	わに6目編み入れる	

ⓐ 2段めは増し目をして編む

1. わに6目こま編みを編み入れ、2段めは増し目をしながらこま編みのすじ編みをして12目にする。

ⓑ 3段めも増し目をしながらこま編みのすじ編みをする

2. 立ち上がりのくさり目を1目編む。

3. 2目編み入れるこま編みのすじ編み、普通のこま編みのすじ編みを交互に繰り返し、1周で6目増し目をする。

4. 1周編んだら、3段めの最初の目と引き抜き編みをする。

ⓒ 4段めで花びらを6枚編む

5. 立ち上がりのくさり目3目を編む。

6. 1目めは長々編み（→P.28）を編む。

7. 2目めに三つ巻き長編み（→P.29）を2目編み入れたところ。

8 ★を編む。2目めの三つ巻き長編みのすぐ下の目に針を入れて引き抜き編みをする。(→P.33・2)

9 三つ巻き長編みを同じ目にもう1目、編み入れる。

10 3目めは長々編みを編み、くさり目3目を編む。

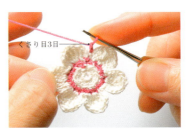

11 同じ目に引き抜き編みをすれば花びら1枚が完成。

12 5〜11を繰り返して花びらを6枚編む。

13 5段めに移るためのくさり目を3目編む。

5段めの編み図

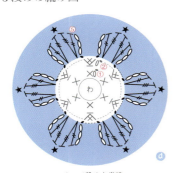

3〜4段めを省略

d 5段めは2段めの半目を拾いながら花びらを6枚編む

14 2段めの1目め、半目に針を入れて引き抜き編みをする。

15 立ち上がりのくさり目を3目編む。

16 三つ巻き長編みの2目めで★を編む(→P.33・2)ながら編み図どおりに、花びらを編む。

17 6枚の花びらを編んだら引き抜き編みをする。

花芯の編み方

わに6目こま編みを編み入れます。
2段めはこま編みを2目編み入れながら1周します。

※作品によっては、花芯を編まずにビーズで代用する場合もあります。

タンポポの編み方

わに4目こま編みを編み入れてから、4段めまで増し目をしながらこま編みのすじ編みをします。5段めでくさり目6目で作る花びらを編みます。6〜9段めは、こま編みの半目を拾いながら花びらを編み重ねていきます。

※写真はわかりやすいように段ごとに色を換えて編んでいます。

● 1〜4段めまでの目数表

段	目数	増し方
4	24	8目増す
3	16	8目増す
2	8	4目増す
1	わに4目編み入れる	

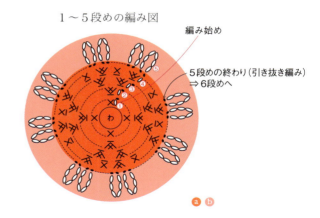

1〜5段めの編み図

編み始め

5段めの終わり（引き抜き編み）
⇒ 6段めへ

ⓐ ⓑ

ⓐ こま編みのすじ編みで増し目をしていく

1 わに4目こま編みを編み入れ、最初の目に針を入れて引き抜き編みをする。立ち上がりのくさり目を1目編む。

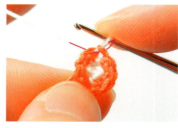

2 2段めは、2目編み入れるこま編みのすじ編み（→P.29）をする。1目めに針を入れて引き抜き編みをする。

3 3段めも、2目編み入れるこま編みのすじ編みをする。1目めに針を入れて引き抜き編みをする。

4 4段めは、2目編み入れるこま編みのすじ編みと、普通のこま編みのすじ編みを交互に編む。

5 1目めの向こう側半目に針を入れて引き抜き編みをする。4段めの完成。

ⓑ 花びらを編む

6 5段めは、4段めの向こう側半目に針を入れながらタンポポの花びらを編む。まずくさり目を6目編む。

7 くさり目を編んだ同じ目（向こう側半目）に針を入れて引き抜き編みをする。花びら1枚が完成。

8 2目めも同様に引き抜き編みをしてからくさり目を6目編み、同じ目に引き抜き編みをする。花びら2枚の完成。

9 1目おきに、2枚の花びらを編むことを繰り返して、16枚の花びらを編む。

6段めの編み図

5段めを省略

7段めの編み図

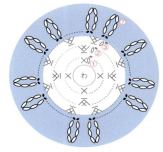

4～6段めを省略

8段めの編み図

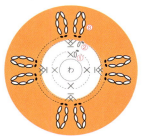

3～7段めを省略

9段めの編み図

2～8段めを省略

c 4段めの手前半目を拾いながら花びらを編む

10 4段めの1目め、半目に針をとおして引き抜き編みをする。

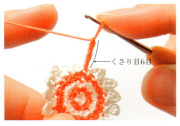

11 編み図どおりに半目を拾いながら、くさり目6目の花びらを12枚編む。

d 3段めの手前半目を拾いながら花びらを編む

12 3段めの1目め、半目に針をとおして引き抜き編みをする。

13 編み図どおりに半目を拾いながら、くさり目6目の花びらを11枚編む。

e 2段めの手前半目を拾いながら花びらを編む

14 2段めの1目め、半目に針をとおして引き抜き編みをする。

15 編み図どおりに半目を拾いながら、くさり目6目の花びらを8枚編む。

f 1段めの手前半目を拾いながら花びらを編む

16 1段めの1目め、半目に針をとおして引き抜き編みをする。

17 半目を拾いながら、くさり目5目の花びらを8枚編む。

シロツメクサの編み方

上パーツ、下パーツをそれぞれ花びらを編み重ねる方法で編み、それぞれ別に染めてから中心を縫い合わせます。

※写真はわかりやすいように段ごとに色を換えて編んでいます。

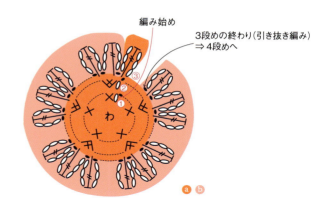

下パーツの編み図1～3段め

ⓐ 2段めは増し目をし、3段めで花びらを編む

1 1段めはわに5目こま編みを編み入れ、2段めは2目編み入れるこま編みで5目増し目をする。

2 2段めの最後に1目めの向こう側半目に針を入れ引き抜き編みをしてから、立ち上がりのくさり目を3目編む。

3 同じ目の向こう側半目に長々編み（→P.28）を編んでからくさり目を3目編む。

ⓑ 半目の引き抜き編みをしながら編む

4 同じ目の向こう側半目に針を入れて引き抜き編みをする。

5 くさり目3目、長々編みを繰り返しながら編み図どおりに花びらを編む。

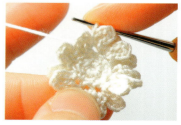

6 1周編んだら、最後の同じ目の向こう側半目に引き抜き編みをする。

ⓒ 4段めは2段めの手前半目を拾いながら編む

下パーツの編み図4段め

3段めを省略

7 2段めの手前半目に針を入れて引き抜き編みをする。

8 2段めの手前半目を拾いながら、2～4と同じ要領で花びらを10枚編む。下パーツの完成。

上パーツの編み図1〜3段め

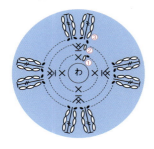

d 上パーツを編む

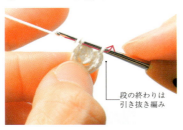

9 1段めはわに4目こま編みを編み入れ、2段めは2目編み入れるこま編みのすじ編みで4目増し目をする。

10 3段めは、2〜4と同じ要領で向こう側半目を拾いながら花びらを8枚編む。

上パーツの編み図4段め

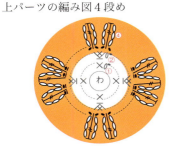

3段めを省略

e 4段めは2段めの半目を拾いながら編む

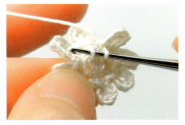

11 2段めの半目に針を入れて引き抜き編みをする。

12 2〜4と同じ要領で花びらを編む。

f 上下のパーツをつなげる

13 10枚の花びらを編んだら、最後の目に針を入れて引き抜き編みをする。

14 上パーツ、下パーツの完成。下パーツの糸は切る（→P.39・13）。それぞれ着色して乾かす（※ここでは省略）。

15 上パーツの糸を針に通し、中心から少し外側に針を入れ縫い留めていく。

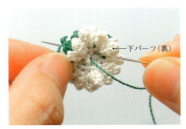

16 中心から少し外側を5カ所ほど縫い留め、最後は裏側に糸を出す。

17 ピンセットで花びらの形を整える。

18 シロツメクサの完成。

三つ葉（大）の編み方

わにこま編みを3目編み入れてから、くさり目4目と三つ巻き長編みを5目編み入れることを繰り返して、葉を編みます。三つ葉（小）、四つ葉、（大）、（小）も同じ要領です。

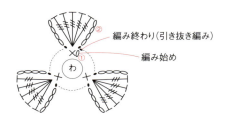

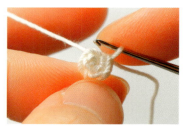

1 わに3目こま編みを編み入れて1周したら、最初の目に針を入れて引き抜き編みをする。

2 くさり目を4目立ち上げてから三つ巻き長編みを5目編み入れ、くさり目を4目編んで引き抜き編みをする。

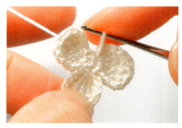

3 2を3回繰り返して、最後は、1目めの頭に針を入れて引き抜き編みをする。

4 三つ葉（大）の完成。

三つ葉（小）の編み方

1段めは三つ葉（大）と同様に編みます。2段めはくさり目を3目立ち上げてから長々編みを4目編み入れ、くさり目を3目編んで引き抜き編みをします。これを3回繰り返して三つ葉を編み、最後は1目めの頭に針を入れて引き抜き編みをします。

四つ葉の編み方

基本の編み方は三つ葉と同様です。1段めは、わに4目こま編みを編み入れます。2段めはくさり目を4目（小は3目）立ち上げ、三つ巻き長編みを5目（小は長々編みを4目）編み入れます。くさり目を4目（小は3目）編み、次の目で引き抜き編みをしてから2枚めの葉を編みます。

四つ葉（大）

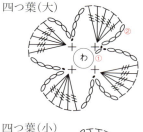

四つ葉（小）

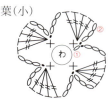

46

ダリアの編み方

わにこま編みを4目編み入れて、5段めまで増し目しながら編みます。6段めで花びらを8枚編み、7〜10段めは、1〜4段めの手前半目を拾いながら花びらを編み重ねていきます。

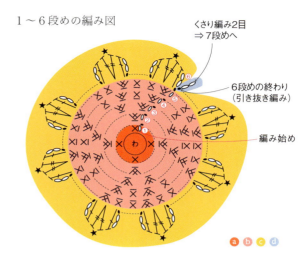

1〜6段めの編み図

a こま編みを4目編み入れる

① わの中にこま編みを4目編み入れて、最初の1目めの頭に針を入れて引き抜き編みをする。

● 1〜5段めまでの目数表

段	目数	増し方
5	32	8目増す
4	24	8目増す
3	16	8目増す
2	8	4目増す
1	わに4目編み入れる	

b 2〜5段めは増し目しながら編む

② くさり目を1目立ち上げてから、2目編み入れるこま編みのすじ編み（→P.29）をする。

③ 1周編んだら、最初の1目めの向こう側半目に針を入れて引き抜き編みをする。

④ 5段めまで増し目をしながらこま編みのすじ編みをして、最後は1目めの向こう側半目に針を入れて引き抜き編みをする。

c 6段めは花びらを編む

⑤ 立ち上がりのくさり目を2目編む。

⑥ 同じ目に長編みを編む。

⑦ 次の目は長々編みを編む。

8 ★を編む。長々編みのすぐ下の目に針を入れて引き抜き編みをする（→P.33・*2*～*3*）。

9 同じ目に長々編みを編み入れる。

10 次の目では長編みを編む。

d くさり目を編む

11 くさり目2目を編んでから、*10*と同じ目に引き抜き編みをする。

12 1目おきに、*5*～*11*を繰り返して花びらを8枚編む。

13 6段めの1目めの頭に針を入れ引き抜き編みをしてから、次の段に移動するためにくさり目を2目編む。

7段めの編み図

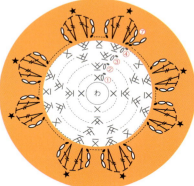

5～6段めを省略

e 7段めは、4段めの手前半目を拾いながら編む

14 4段めの1目め、手前半目に針を入れて引き抜き編みをする。

15 立ち上がりのくさり目を2目編む。

16 長編み、長々編みを1目めに編み入れ、★を編む（→P.33・*2*～*3*）。

17 2目めを編んだら、3目めは飛ばし、次の2目で花びらを編む。これを繰り返す。

18 8枚の花びらを編んだら、1目めの頭に針を入れて引き抜き編みをする。次の段に行くためのくさり目を2目編む。

8段めの編み図

4～7段めを省略

9段めの編み図

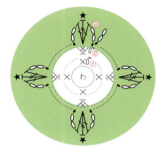

3～8段めを省略

10段めの編み図

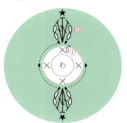

2～9段めを省略

f 8段めは、3段めの手前半目を拾いながら編む

19 3段めの半目に針を入れて引き抜き編みをして、立ち上がりのくさり目を2目編む。

20 前段と同じ要領で花びらを8枚編み、最後は1目めの頭で引き抜き編みをしてくさり目を2目編む。

g 9段めは、2段めの手前半目を拾いながら編む

21 2段めの半目に針を入れて引き抜き編みをして、立ち上がりのくさり目を2目編む。

22 前段と同じ要領で花びらを4枚編み、最後は1目めの頭で引き抜き編みをしてくさり目2目を編む。

h 10段めは、1段めの手前半目を拾いながら編む

23 1段めの半目に針を入れて引き抜き編みをして、立ち上がりのくさり目を2目編む。

24 前段と同じ要領で花びらを1枚編む。

25 次の目は引き抜き編みのみをする。

26 3目めは花びらを編み、4目めは引き抜き編みのみをする。

27 ダリアの完成。

着色する

花や葉を編んだら、花のイメージに合わせて色をつけます。最初は薄めの色から着色するようにするとよいでしょう。

色の作り方

1 着色に使う色をパレットに数滴ずつ出す。

2 スポイトに水を入れ、広い面に散らすように出す。筆の先に染料を少しとって水と混ぜて、少しずつ薄めてイメージの色に近づける。

3 複数の色を混ぜる場合は、1色ずつ薄めてから混ぜ合わせる。

モチーフの染め方

1 パーツを水に濡らす。

2 ペーパータオルに1をはさんで、水気を軽く取ったあと、指先でモチーフの形を整える。

3 ペーパータオルの上に2のパーツをのせ、着色していく。濡れているので、少しつけるだけで自然なグラデーションになる。

4 ペーパータオルの上で、1時間ほど自然に乾かす。

5 花芯は、花びらが乾いてから着色する。

斑入りツバキの染め方　※キンギョに使用

1 花びらに部分的にレッドを着色する。

2 筆先に水をつけて1のレッドをまわりにぼかしていく。

3 自然な雰囲気に染まったら乾かす。

カラーチャート

作品に使う草花パーツの配色番号と色名、染料名です。2種類以上混ぜているものは、染料の量が多い順に記載しています。1色ずつ薄めてから混ぜましょう。

1つの染料でバリエーションをつける

1種類の染料で、さまざまなパターンに染め分けることができます。

レッドを薄めずに染めたもの

レッドを薄めて染めたもの

生成り糸で編んだモチーフにレッドを薄めて染めたもの

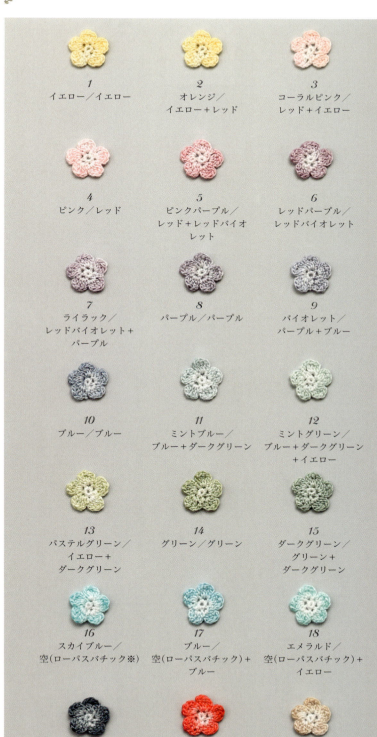

1 イエロー／イエロー

2 オレンジ／イエロー＋レッド

3 コーラルピンク／レッド＋イエロー

4 ピンク／レッド

5 ピンクパープル／レッド＋レッドバイオレット

6 レッドパープル／レッドバイオレット

7 ライラック／レッドバイオレット＋パープル

8 パープル／パープル

9 バイオレット／パープル＋ブルー

10 ブルー／ブルー

11 ミントブルー／ブルー＋ダークグリーン

12 ミントグリーン／ブルー＋ダークグリーン＋イエロー

13 パステルグリーン／イエロー＋ダークグリーン

14 グリーン／グリーン

15 ダークグリーン／グリーン＋ダークグリーン

16 スカイブルー／空（ローパスバチック※）

17 ブルー／空（ローパスバチック）＋ブルー

18 エメラルド／空（ローパスバチック）＋イエロー

19 ブラック／ブラック

20 レッド／レッド（薄めずに使用）

21 ブラウン／ブラウン

※ローパスバチックはレザークラフト用の染料ですが、この本ではローパスロスティと同様に使用しています。

51

刺繍する

この本で使っているステッチをご紹介します。

サテンステッチ

ヒツジの足やスワンなどに使用します。P.53のオーバーキャストステッチよりも幅広い面を刺します。

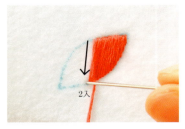

1. 図案のライン上に針を出す。
2. 反対側の図案のライン上から針を入れ、まっすぐに糸を渡す。
3. 1〜2を繰り返し、図案の内側を埋める。

フリーステッチ

ランダムに糸を刺し並べていくステッチです。動物たちの毛並み部分などに使用します。

1. ステッチを施す範囲と糸の流れの目安となるように何本か刺す。
2. 1の間を埋めるように刺す。
3. 隙間のないように埋める。

アウトラインステッチ

細いラインを表現するステッチです。この本の作品では図案の輪郭線上に刺します。

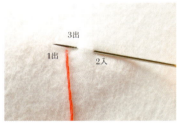
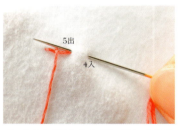

1. 左から右に進む。裏から針を出したら1目右側に刺し、半目戻った位置に針を出す。
2. さらに1目分を右側に刺して半目戻った位置から針を出す。これを繰り返す。
3. 図案の輪郭線上を左から右に刺し進んでいく。

コーチングステッチ

図案に置いた糸などを別糸で留めていくステッチです。作品では、ワイヤーを留めます。

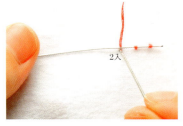

1 ワイヤーを輪郭線上に置いて、糸を通した針を際から出す。※糸は内側の刺繍と同じ色を使用する。

2 ワイヤーと垂直になるように針を際に入れる。

3 これを5mmおきに繰り返してワイヤーを輪郭線上に留めていく。

オーバーキャストステッチ

下に刺した糸が見えなくなるように密に刺すステッチです。作品では、主にワイヤー部分に使用します。P.52のサテンステッチよりも細長い面やラインを刺します。

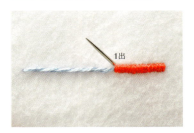

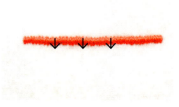

1 隠したいステッチやワイヤーの際から針を出す。

2 ステッチやワイヤーと垂直になるように針を際に入れる。

3 下のステッチやワイヤーが見えなくなるように密に刺す。

フレンチノットステッチ

玉結びを作って絵柄を表現するステッチです。この本では、リスが手に持っているラズベリーに使用しています。

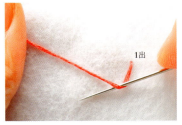

1 裏から糸を出し、写真のように針をかける。

2 糸にかけながら針先を上に向ける。針に糸が1巻きかかった状態に。

3 糸を出した位置のすぐそばに針を入れて裏に糸を出す。

4 裏で糸を引ききる。

5 1〜4を繰り返す。

ブラックスワン[ホワイトスワン]の作り方

刺繍をする前に、ワイヤーの輪郭を入れます。ホワイトスワンも基本は同じ作り方です。

[型紙] 100%

口絵 —— P.6、7

[材料]
型紙
フェルト(15×15cm) 1枚
25番刺繍糸／DMC：317（濃グレー）、
　760（サーモンピンク）、BLANC（白） 各適量
　[ホワイトスワン] DMC：BLANC（白）、
　3078（黄）、414（グレー）、
　310（黒） 各適量
レース糸(白／#80) 適量
アートフラワー用染料 各適量→P.27参照
パールビーズ(白／⌀1mm) 5個
ワイヤー（白／#35） 適量
ブローチピン(35mm) 1個
接着剤

※コピーまたは線を写しとってご使用ください。

[作り方] I 型紙を写す

フェルトの上に型紙を置き、水で消えるペンで輪郭を写す。

II 刺繍をする　糸はすべて1本どりで下記の順に刺繍をする。刺繍が終わったら、水を含ませたキッチンペーパーなどを当てて、輪郭線を消しておく。※[ ]はホワイトスワン

1. 輪郭／ワイヤー、濃グレー［白］
…コーチングステッチ（→P.53）

2. 目／白［黒、白］…フリーステッチ（→P.52）
3本ランダムに刺してから右上がりに2本刺す

3. くちばし／サーモンピンク［黄、グレー］
…サテンステッチ
くちばしの先を、3〜4回糸をタテに刺してから、ワイヤーとワイヤーの間を渡すように刺していく。

4. 頭・目のまわり／濃グレー［白］…フリーステッチ
目のまわりを刺してから、毛並みにそって大まかに刺す。その後、糸の間を埋めるように刺す。

5. 首／濃グレー［白］…サテンステッチ
ワイヤーとワイヤーの間を渡すように刺していく。

6. 胸／濃グレー［白］…フリーステッチ
毛並みにそって大まかに刺した後、糸の間を埋めていくように刺す。

III 草花パーツを作る　表を参照し、必要な草花パーツを編んで染めて乾かしておく。

◆ ブラックスワン

	パーツ名	糸の太さ	個数	編み方	配色(P.51)
A	ツバキ	#80	1	P.36	19番
B	パンジー	#80	1	P.38	19番
C	スミレ	#80	1	P.34	19番
D	葉	#80	1	P.35	19番
その他	小花(大)	#80	16〜18	P.30	19番(濃淡で変化をつける)

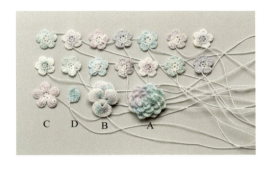

◆ ホワイトスワン

	パーツ名	糸の太さ	個数	編み方	配色(P.51)
A	ダリア	#80	1	P.47	9番、10番、11番
B	パンジー	#80	1	P.38	9番、11番
C	スミレ	#80	1	P.34	9番
D	葉	#80	1	P.35	10番
その他	小花(大)	#80	16〜18	P.30	9番、10番、11番(すべて薄め)

IV 輪郭→内側の順に、草花パーツを縫いつける

小花(大)で輪郭をとるように縫いつけてから、メインになる花を縫いつける。※[ ]はホワイトスワン

葉を尾に縫いつけ、小花(大)を体の輪郭にそってぐるりと縫いつける。

ツバキ[ダリア]、パンジー、スミレを体の中心に縫いつける。
さらにツバキの花芯にはパールビーズを5個接着剤でつける。

※仕上げ方はP.21参照。

アルパカの作り方

刺繍部分は顔と足のみで少なめですが、草花パーツを多めにして華やかさを出します。ワイヤーの輪郭は足まわりのみに入れます。

[型紙] 100%

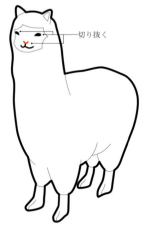

切り抜く

口絵 —— P.8

[材料]
型紙
フェルト（15×15cm）　1枚
25番刺繍糸／DMC：BLANC（白）、
　818（薄ピンク）、414（グレー）、
　453（ブロンズグレー）、310（黒）　各適量
レース糸（白）／#80、#120、#160）　各適量
アートフラワー用染料　各適量→P.27参照
ワイヤー（白／#35）　適量
ブローチピン（28mm）　1個
接着剤

※コピーまたは線を写しとってご使用ください。

[作り方]　I 型紙を写す
　　　　　フェルトの上に型紙を置き、水で消えるペンで輪郭を写す。

II 刺繍をする　糸はすべて1本どりで下記の順に刺繍をする。刺繍が終わったら、水を含ませたキッチンペーパーなどを当てて、輪郭線を消しておく。

ワイヤー

1. 輪郭／ワイヤー、白…コーチングステッチ（→P.53）
2. 目／黒、白…フリーステッチ（→P.52）
3. 鼻／薄ピンク…サテンステッチ
　鼻の位置を2本ストレートに横に刺す。
4. 鼻から口／グレー…アウトラインステッチ
5. 口の上／白…サテンステッチ
　口から鼻の間を埋めるように横に刺す。
6. 顔／白…フリーステッチ
　中心から外側に向かって刺す。
7. 耳の内側／薄ピンク…フリーステッチ
8. 耳の外側／白…フリーステッチ
　1mm幅程度のステッチで、耳の外側を囲む。
9. ひづめ／ブロンズグレー…サテンステッチ
　左右幅を1:3程度に2分割して刺す。
10. 足／白…サテンステッチ
　2本のワイヤーに渡るように刺す。

III 草花パーツを作る

表を参照し、必要なパーツを編んで染めて乾かしておく。

	パーツ名	糸の太さ	個数	編み方	配色(P.51)
A	タンポポ	#80	1	P.42	1番
B	シロツメクサ	#80	1	P.44	13番
C	アネモネ	#80	1	P.40	3番、1番(花芯)
D	三つ葉(大)	#80	1	P.46	14番
E	三つ葉(小)	#80	1	P.46	13番
F	三つ葉(小)	#120	1	P.46	13番
G	四つ葉(小)	#80	1	P.46	14番
H	小花(小)	#80	7〜8	P.32	1番、2番、3番、4番、14番
I	小花(小)	#120	5	P.32	1番、2番、3番、4番、14番
J	小花(小)	#160	4	P.32	1番、2番、4番、14番
その他	小花(大)	#80	10〜12	P.30	1番、2番、4番、14番

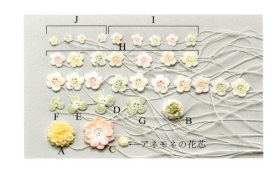

IV 輪郭→内側の順に、草花パーツを縫いつける

小花(大)、(小)で輪郭をとるように縫いつけてから、メインになる花を体の中心に縫いつける。

小花(大)を体まわりに、小花(小)を顔まわりに縫いつける。

三つ葉、四つ葉、タンポポ、シロツメクサを体の中心に縫いつける。アネモネを縫いつけるときに花芯も一緒に縫いつける。

※仕上げ方はP.21参照。

フラミンゴの作り方

顔、首と足はワイヤーで輪郭をとって刺繍をします。体は草花パーツを重ねるようにぎっしりと縫いつけます。

[型紙] 100%

切り抜く

切り抜く

口絵 —— P.9

[材料]
型紙
フェルト（15×15cm） 1枚
25番刺繍糸／DMC：761（サーモンピンク）、
　819（ベージュピンク）、760（濃サーモンピンク）、
　414（グレー）、310（黒）、
　BLANC（白）　各適量
レース糸（白／#80）　適量
アートフラワー用染料　各適量→P.27参照
ワイヤー（白／#35）　適量
ブローチピン（28mm）　1個
接着剤

※コピーまたは線を写しとってご使用ください。

[作り方]　I　型紙を写す
　　　　　フェルトの上に型紙を置き、水で消えるペンで輪郭を写す。

II　刺繍をする　　糸はすべて1本どりで下記の順に刺繍をする。刺繍が終わったら、水を含ませたキッチンペーパーなどを当てて、輪郭線を消しておく。

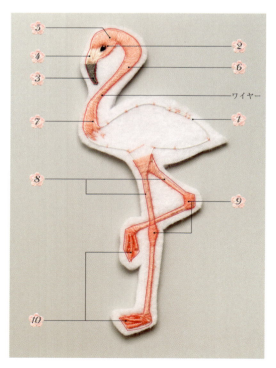

ワイヤー

① 輪郭／ワイヤー、サーモンピンク
　…コーチングステッチ（→P.53）

② 目／黒、白…フリーステッチ（→P.52）

③ くちばし／グレー…サテンステッチ

④ 鼻／ベージュピンク…フリーステッチ

⑤ 頭・顔／サーモンピンク…フリーステッチ
　目のまわりから放射状に刺す。

⑥ 首／サーモンピンク…サテンステッチ

⑦ 胸／サーモンピンク…フリーステッチ
　首から体の方向に刺す。

⑧ 足／サーモンピンク…オーバーキャストステッチ（→P.53）

⑨ 関節／濃サーモンピンク…サテンステッチ

⑩ 足先／濃サーモンピンク…オーバーキャストステッチ、フリーステッチ
　2本のワイヤーを渡すように刺し、その間をフリーステッチで埋める。

58

III 草花パーツを作る 表を参照し、必要なパーツを編んで染めて乾かしておく。

	パーツ名	糸の太さ	個数	編み方	配色(P.51)
A	ダリア	#80	1	P.47	4番、13番
B	スミレ	#80	1	P.34	4番
C	葉	#80	2	P.35	13番
D	小花(小)	#80	1～2	P.32	4番
その他	小花(大)	#80	10～11	P.30	3番、4番、13番

IV 輪郭→内側の順に、草花パーツを縫いつける

小花(大)、(小)で輪郭をとるように縫いつけてから、メインになる花を中心に縫いつける。

葉2枚を尾につけ、体まわりに小花(大)、(小)を重ねるように縫いつける。

ダリア、スミレを体の中心にバランスよく置いて縫いつける。

※仕上げ方はP.21参照。

メインのダリアをアネモネに変えたバージョン。

アヒルの作り方

顔から体までぐるりとワイヤーで輪郭をとって刺繍をします。体は草花パーツをぎっしりと縫いつけます。

口絵 ——— P.13

【材料】

型紙
フェルト（15×15cm）　1枚
25番刺繍糸／DMC：BLANC（白）、
　3822（マスタード）、310（黒）各適量
レース糸（白／#80、#120、#160）各適量
アートフラワー用染料　各適量→P.27参照
ワイヤー（白／#35）適量
ブローチピン（28mm）　1個
接着剤

【作り方】

I 型紙を写す　型紙 → P.67

フェルトの上に型紙を置き、水で消えるペンで輪郭を写す。

II 刺繍をする

糸はすべて1本どりで刺繍が終わったら、輪郭線を消しておく。

1. 輪郭／ワイヤー、白…コーチングステッチ（→P.53）
2. 目／黒、白…フリーステッチ（→P.52）
3. くちばし／マスタード…フリーステッチ
　くちばしの先から頭の方向に刺して埋める。
4. 頭／白…フリーステッチ
　くちばしから頭の方向に刺す。首まで埋める。
5. 胸／白…フリーステッチ
　首から胸に向かって放射状に刺す。
6. 足、水かき／マスタード…オーバーキャストステッチ（→P.53）、サテンステッチ
　足先は、タテに2～3回刺してから、ワイヤーを渡すように刺す。水かきはサテンステッチで描く。

カワセミの作り方

全体をワイヤーで輪郭をとって刺繍をします。草花パーツは羽全体に縫いつけ、羽先には葉をつけます。

口絵 ——— P.17

【材料】

型紙
フェルト（15×15cm）　1枚
25番刺繍糸／DMC：3838（コバルトブルー）、
　807（ライトブルー）、3822（マスタード）
　762（シルバーグレー）、414（グレー）、
　310（黒）、BLANC（白）各適量
レース糸（白／#80）適量
アートフラワー用染料　各適量→P.27参照
ワイヤー（白／#35）適量
ブローチピン（35mm）　1個
接着剤

【作り方】

I 型紙を写す　型紙 → P.67

フェルトの上に型紙を置き、水で消えるペンで輪郭を写す。

糸はすべて1本どりで刺繍が終わったら、輪郭線を消しておく。

1. 輪郭／ワイヤー、ライトブルー、コバルトブルー、グレー、マスタード…コーチングステッチ（→P.53）
2. 目／黒、白…フリーステッチ（→P.52）
3. 顔から頭／ライトブルー、コバルトブルー、マスタード、シルバーグレー…フリーステッチ
　それぞれの色をタテ方向に刺す。
4. くちばし／コバルトブルー、グレー…フリーステッチ、オーバーキャストステッチ（→P.53）
5. 尾の下側／マスタード…フリーステッチ

III 草花パーツを作る

表を参照し、必要なパーツを編んで染めて乾かしておく。

	パーツ名	糸の太さ	個数	編み方	配色(P.51)
A	パンジー	#80	1	P.38	2番、3番、5番
B	スミレ	#80	1	P.34	4番
C	葉	#80	1	P.35	13番
D	小花(大)	#80	6〜8	P.30	1番、2番、3番、13番
E	小花(小)	#120	3〜4	P.32	1番、2番、13番
F	小花(小)	#160	1	P.32	3番
その他	小花(小)	#80	7〜8	P.32	1番、2番、3番、4番、13番

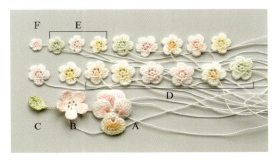

IV 輪郭→内側の順に、草花パーツを縫いつける

小花(大)、(小)で輪郭をとるように縫いつけてから、メインになる花を縫いつける。

葉1枚を尾につけ、体まわりに小花(大)、(小)を縫いつける。

パンジー、スミレを体の中心に縫いつける。

※仕上げ方はP.21参照。

III 草花パーツを作る

表を参照し、必要なパーツを編んで染めて乾かしておく。

	パーツ名	糸の太さ	個数	編み方	配色(P.51)
A	ダリア	#80	1	P.47	16番、17番
B	パンジー	#80	1	P.38	2番、16番
C	葉	#80	5	P.35	16番、17番
D	尾	#80	3	P.35	16番、17番
E	小花(小)	#80	3	P.32	16番、18番
その他	小花(大)	#80	14〜16	P.30	2番、16番、17番、18番

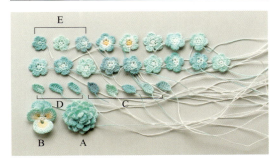

IV 輪郭→内側の順に、草花パーツを縫いつける

羽全体に小花を、羽先には葉、尾には尾のパーツを縫いつける。小花の上にパンジーとダリアを重ねる。

羽先に葉を尾に尾のパーツを縫いつけてから、小花で羽の輪郭をとるように縫いつける。

パンジー、ダリアを縫い重ねる。

※仕上げ方はP.21参照。

{ オカメインコの作り方 }

顔から体までぐるりとワイヤーで輪郭をとって刺繍をし、体に草花パーツを縫いつけます。基本はセキセイインコの作り方と同様です(→P.22)。

口絵 ——— P.11

[材料]

型紙
フェルト(15×15cm)　1枚
25番刺繍糸／DMC：3078(黄)、3713(ピンク)、
　818(薄ピンク)、310(黒)、
　BLANC(白)　各適量
レース糸(白／#80)　適量
アートフラワー用染料　各適量→P.27参照
ワイヤー(白／#35)　適量
ブローチピン(35mm)　1個
接着剤

[作り方]

I 型紙を写す　型紙 → P.69

フェルトの上に型紙を置き、水で消えるペンで輪郭を写す。

II 刺繍をする

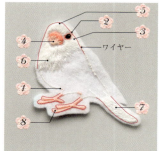

糸はすべて1本どりで下記の順に刺繍をする。刺繍が終わったら、輪郭線を消しておく。

1 輪郭／ワイヤー、黄…コーチングステッチ(→P.53)
2 目／黒、白…フリーステッチ(→P.52)
3 くちばし／薄ピンク…アウトラインステッチ、フリーステッチ
　アウトラインステッチで輪郭をとってからフリーステッチで埋める。
4 頬／ピンク…フリーステッチ
5 頭からとさか／黄…フリーステッチ
6 首／黄…フリーステッチ
7 尾／黄…フリーステッチ
8 足／薄ピンク…オーバーキャストステッチ(→P.53)

{ 文鳥の作り方 }

顔から体までぐるりとワイヤーで輪郭をとって刺繍をし、体に草花パーツを縫いつけます。基本はセキセイインコの作り方と同様です(→P.22)。

口絵 ——— P.11

[材料]

型紙
フェルト(15×15cm)　1枚
25番刺繍糸／DMC：BLANC(白)、
　760(濃サーモンピンク)、3713(ピンク)
　818(薄ピンク)、310(黒)　各適量
レース糸(白／#80、#120)　各適量
アートフラワー用染料　各適量→P.27参照
ワイヤー(白／#35)　適量
ブローチピン(35mm)　1個
接着剤

[作り方]

I 型紙を写す　型紙 → P.69

フェルトの上に型紙を置き、水で消えるペンで輪郭を写す。

II 刺繍をする

糸はすべて1本どりで下記の順に刺繍をする。刺繍が終わったら、輪郭線を消しておく。

1 輪郭／ワイヤー、白…コーチングステッチ(→P.53)
2 目／黒、白…フリーステッチ(→P.52)
3 目のまわり／濃サーモンピンク…アウトラインステッチ
　黒目をぐるりと囲むように刺す。
4 くちばし／濃サーモンピンク、ピンク、薄ピンク…アウトラインステッチ、フリーステッチ
　アウトラインステッチで輪郭をとってから上から濃い色→薄い色の順でグラデーションになるように刺す。
5 頭／白…フリーステッチ
6 首から胸／白…フリーステッチ
7 尾／白…フリーステッチ
8 足／薄ピンク…オーバーキャストステッチ(→P.53)

III 草花パーツを作る

表を参照し、必要なパーツを編んで染めて乾かしておく。

	パーツ名	糸の太さ	個数	編み方	配色(P.51)
A	パンジー	#80	1	P.38	1番
B	スミレ	#80	1	P.34	2番
C	葉	#80	2	P.35	1番
D	小花(小)	#80	3〜4	P.32	1番
その他	小花(大)	#80	13〜15	P.30	1番(濃淡で変化をつける)

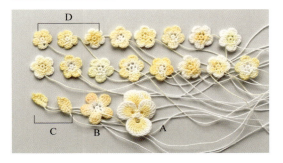

IV 輪郭→内側の順に、草花パーツを縫いつける

体と羽に分けて小花(大)、(小)を縫いつける。メインになる花は羽に縫いつける。

上につける羽の先に葉2枚を、そのまわりと体のおなか側に小花(大)、(小)を縫いつける。

上につける羽にメインの花を縫いつけてから体にのせて縫いつける。

※仕上げ方はP.21参照。

III 草花パーツを作る

表を参照し、必要なパーツを編んで染めて乾かしておく。

	パーツ名	糸の太さ	個数	編み方	配色(P.51)
A	パンジー	#80	1	P.38	4番(ごく薄く)
B	スミレ	#80	1	P.34	3番(ごく薄く)
C	葉	#80	2	P.35	着色なし(白のまま)
D	小花(小)	#80	4〜5	P.32	4番(薄め)
E	小花(小)	#120	1	P.32	3番(薄め)
その他	小花(大)	#80	15〜17	P.30	3番(薄め)、4番(薄め)、着色なし

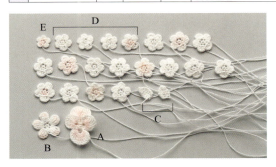

IV 輪郭→内側の順に、草花パーツを縫いつける

体と羽に分けて小花(大)、(小)を縫いつける。メインになる花は羽に縫いつける。

上につける羽の先に葉2枚を、そのまわりと体のおなか側に小花(大)、(小)を縫いつける。

上につける羽にメインの花を縫いつけてから体にのせて縫いつける。

※仕上げ方はP.21参照。

マメルリハインコの作り方

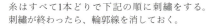

小鳥シリーズの中で、顔と尾はワイヤーを入れないで作ったパターンです。ワイヤーを入れるか入れないかはお好みで選択してください。

口絵 —— P.11

[材料]

型紙
フェルト（15×15cm） 1枚
25番刺繍糸／162（水色）、3840（ブルー）、818（薄ピンク）、310（黒）、BLANC（白） 各適量
レース糸（白／#80、#120） 各適量
アートフラワー用染料 各適量→P.27参照
ワイヤー（白／#35） 適量
ブローチピン（35mm） 1個
接着剤

[作り方]

I 型紙を写す　型紙 → P.71

フェルトの上に型紙を置き、水で消えるペンで輪郭を写す。

II 刺繍をする

糸はすべて1本どりで下記の順に刺繍をする。刺繍が終わったら、輪郭線を消しておく。

1. 輪郭／水色、ワイヤー、薄ピンク…アウトラインステッチ、コーチングステッチ（→P.53）
2. 目／黒、白…フリーステッチ（→P.52）
3. くちばし／薄ピンク…フリーステッチ
   アウトラインステッチで輪郭をとってから薄ピンクで刺す。上部は横に2針ステッチを入れる。
4. 頭／水色…フリーステッチ
5. 首から胸／水色、ブルー…フリーステッチ
   顔の中心から体側に向かってグラデーションになるように刺す。
6. 尾／水色、ブルー…フリーステッチ
   尾の先に向かってグラデーションになるように刺す。
7. 足／薄ピンク…オーバーキャストステッチ（→P.53）

クジラの作り方

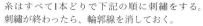

顔から体全体をワイヤーで輪郭をとって刺繍をします。草花パーツはおなかまわりを中心に縫いつけます。

口絵 —— P.17

[材料]

型紙
フェルト（15×15cm） 1枚
25番刺繍糸／3838（コバルトブルー）、3839（薄コバルトブルー）、BLANC（白）、310（黒）、415（シルバーグレー） 各適量
レース糸（白／#80、#100、#120、#160） 各適量
アートフラワー用染料 各適量→P.27参照
ワイヤー（白／#35） 適量
ブローチピン（35mm） 1個
ガラスビーズ（Ø3mm） 1個
接着剤

[作り方]

I 型紙を写す　型紙 → P.71

フェルトの上に型紙を置き、水で消えるペンで輪郭を写す。

II 刺繍をする

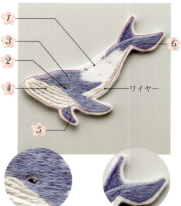

糸はすべて1本どりで下記の順に刺繍をする。刺繍が終わったら、輪郭線を消しておく。

1. 輪郭／ワイヤー、白、コバルトブルー…コーチングステッチ（→P.53）
2. 目／黒、白、薄コバルトブルー…フリーステッチ（→P.52）、アウトラインステッチ
   黒目のまわりは薄コバルトブルーでアウトラインステッチ。
3. 頭／薄コバルトブルー、コバルトブルー…フリーステッチ
4. 口からおなか／シルバーグレー、白…アウトラインステッチ、フリーステッチ
   シルバーグレーで横筋をアウトラインステッチし、間を白でフリーステッチする。
5. 胸ひれ／コバルトブルー…フリーステッチ
6. 尾ひれ／薄コバルトブルー、コバルトブルー…フリーステッチ
   薄コバルトブルーを背から尾の方向に刺し、残りをコバルトブルーで埋めるように刺す。

III 草花パーツを作る

表を参照し、必要なパーツを編んで染めて乾かしておく。

	パーツ名	糸の太さ	個数	編み方	配色(P.51)
A	パンジー	#80	1	P.38	16番、17番
B	スミレ	#80	1	P.34	17番
C	葉	#80	2	P.35	17番
D	小花(小)	#80	1〜2	P.32	16番
E	小花(小)	#120	1	P.32	16番
その他	小花(大)	#80	15〜16	P.30	16番、17番

IV 輪郭→内側の順に、草花パーツを縫いつける

体と羽に分けて小花(大)、(小)を縫いつける。メインになる花は羽に縫いつける。

上につける羽の先に葉2枚を、そのまわりと体のおなか側に小花(大)、(小)を縫いつける。

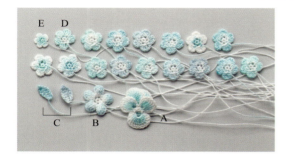

上につける羽にメインの花を縫いつけてから体にのせて縫いつける。

※仕上げ方はP.21参照。

III 草花パーツを作る

表を参照し、必要なパーツを編んで染めて乾かしておく。

	パーツ名	糸の太さ	個数	編み方	配色(P.51)
A	ツバキ	#100	1	P.36	10番、17番
B	パンジー	#120	1	P.38	10番、11番
C	スミレ	#120	1	P.34	17番
D	小花(小)	#120	6〜7	P.32	10番、11番
E	小花(小)	#160	3	P.32	10番、11番
その他	小花(小)	#80	9〜11	P.32	10番、11番

IV 全体→内側の順に、草花パーツを縫いつける

刺繍のない部分を中心に小花を縫いつけ、パンジーやツバキ、スミレなどのメインの花を上に縫い重ねる。

刺繍のない部分を小花で埋め、刺繍の上にはD、Eの小花を散らす。

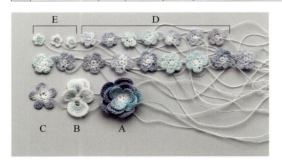

パンジー、ツバキ、スミレを縫い重ねる。ツバキの花芯にガラスビーズを接着する。

※仕上げ方はP.21参照。

65

ヒツジの作り方

顔から体までぐるりとワイヤーで輪郭をとって刺繍をします。草花パーツはすべて生成り色の糸で編んでから着色します。

[型紙] 100%

口絵 —— P.12

[材料]
型紙
フェルト（15×15cm）　1枚
25番刺繍糸／DMC：ECRU（ベージュ）、
　BLANC（白）、819（ベージュピンク）、
　310（黒）、414（グレー）、
　842（薄茶）　各適量
レース糸（生成り／#80）　適量
アートフラワー用染料　各適量→P.27参照
ワイヤー（白／#35）　適量
パールビーズ（白／∅1mm）　5個
ブローチピン（35mm）　1個
接着剤

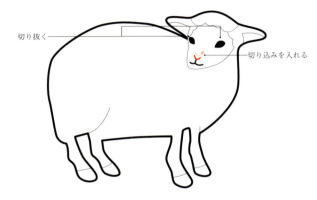

※コピーまたは線を写しとってご使用ください。

[作り方]　I 型紙を写す

フェルトの上に型紙を置き、水で消えるペンで輪郭を写す。

II 刺繍をする　糸はすべて1本どりで下記の順に刺繍をする。刺繍が終わったら、水を含ませたキッチンペーパーなどを当てて、輪郭線を消しておく。

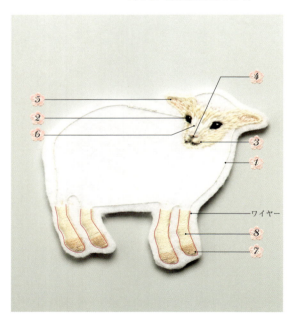

1. 輪郭／ワイヤー、ベージュ…コーチングステッチ（→P.53）
2. 目／黒、白…フリーステッチ（→P.52）
3. 口／グレー…アウトラインステッチ
　鼻の下から口までアウトラインステッチで続けて描く。
4. 鼻／ベージュピンク…サテンステッチ
　横に2本刺す
5. 耳／ベージュピンク、ベージュ…フリーステッチ
　耳の内側をベージュピンクで刺し、外側はワイヤーをおおうようにベージュでコーチングステッチをする。
6. 鼻の上、頭、顔／白、ベージュ…フリーステッチ
　鼻の上は白で刺し、頭、頬をベージュで放射状に刺す。頭のトップはパーツをつけるので刺繍はしない。
7. ひづめ／薄茶…サテンステッチ
8. 足／ベージュ…サテンステッチ

66

III 草花パーツを作る　表を参照し、必要なパーツを編んで染めて乾かしておく。

※糸は生成り

	パーツ名	糸の太さ	個数	編み方	配色(P.51)
A	パンジー	#80	2	P.38	6番、11番
B	アネモネ	#80	1	P.40	4番、6番(花芯)
C	ツバキ	#80	1	P.36	3番
D	スミレ	#80	2	P.34	6番、12番
E	小花(小)	#80	1	P.32	7番
その他	小花(大)	#80	20〜23	P.30	3番、4番、6番、11番

IV 輪郭→内側の順に、草花パーツを縫いつける

小花(大)、(小)で輪郭をとるように縫いつけてから、メインになる花を中心に縫いつける。

体と顔まわりに小花(大)、(小)をすき間なく縫いつける。Eは耳の下につける。

パンジー、ツバキ、スミレを体の中心に縫いつける。アネモネは花芯と一緒に縫いつける。ツバキの花芯にパールビーズを接着する。

※仕上げ方はP.21参照。

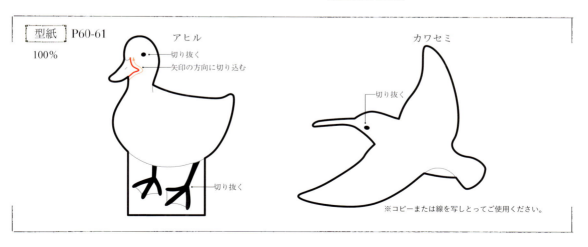

67

ハリネズミの作り方

ワイヤーを入れずにアウトラインステッチで輪郭をとって刺繍をします。小花をたっぷり縫いつけた後に、シロツメクサや三つ葉を縫いつけます。

型紙　100%

口絵 ── P.13

[材料]
型紙
フェルト（15×15cm）　1枚
25番刺繍糸／DMC：ECRU（ベージュ）、
　819（ベージュピンク）、543（ベージュ）、
　414（グレー）、310（黒）、
　BLANC（白）　各適量
レース糸(白／#80)　適量
アートフラワー用染料　各適量→P.27参照
ブローチピン(35mm)　1個
接着剤

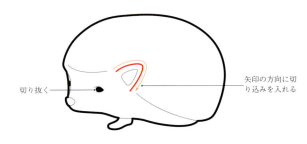

切り抜く　矢印の方向に切り込みを入れる

※コピーまたは線を写しとってご使用ください。

作り方　I 型紙を写す
　フェルトの上に型紙を置き、水で消えるペンで輪郭を写す。

II 刺繍をする　糸はすべて1本どりで下記の順に刺繍をする。刺繍が終わったら、水を含ませたキッチンペーパーなどを当てて、輪郭線を消しておく。

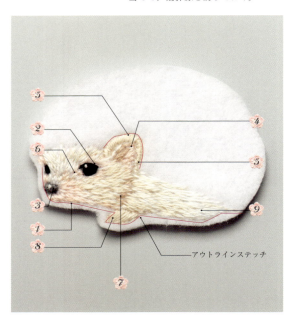

1　輪郭／ベージュ…アウトラインステッチ(→P.52)

2　目／黒、白
　…フリーステッチ(→P.52)、アウトラインステッチ
　右目はまつげをアウトラインステッチで刺す。

3　鼻／グレー、白…サテンステッチ
　グレーでタテに刺してから、白を少し刺して光のようにする。

4　耳の内側／ベージュピンク、サンドベージュ、白…フリーステッチ
　耳の内側をタテに分割して、ベージュピンクとサンドベージュで刺す。左端に白をタテに1ライン入れる。

5　耳の外側／ベージュ…サテンステッチ

6　顔／ベージュピンク、ベージュ
　…フリーステッチ
　ベージュピンクからベージュのグラデーションになるように鼻から放射上に刺す。

7　顔とおなかの間／サンドベージュ…フリーステッチ

8　足／ベージュ…サテンステッチ

9　おなか／ベージュ…フリーステッチ

III 草花パーツを作る　表を参照し、必要なパーツを編んで染めて乾かしておく。

	パーツ名	糸の太さ	個数	編み方	配色(P.51)
A	タンポポ	#80	1	P.42	1番
B	シロツメクサ	#80	2	P.44	13番、14番
C	スミレ	#80	1	P.34	3番
D	三つ葉(大)	#80	1	P.46	13番、14番
E	三つ葉(小)	#80	3	P.46	14番、15番
F	四つ葉(大)	#80	1	P.46	14番
G	四つ葉(小)	#80	1	P.46	15番
その他	小花(小)	#80	16〜18	P.32	1番、2番、3番、13番、14番

IV 輪郭→内側の順に、草花パーツを縫いつける

小花(大)、(小)で輪郭をとるように縫いつけてから、メインになる花を中心に縫いつける。

頭は小花で埋めつくすように縫いつけ、体のまわりにも縫いつける。

シロツメクサを頭に2つつけ、スミレ、タンポポを体に縫いつける。隙間を埋めるように三つ葉と四つ葉を縫いつける。
※仕上げ方はP.21参照。

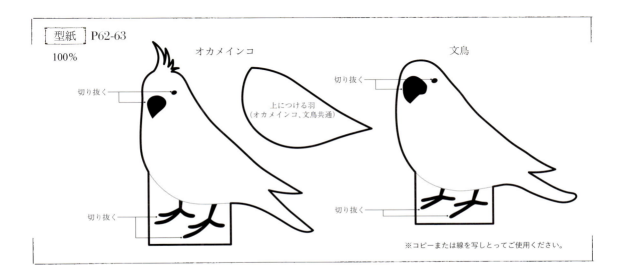

コーギーの作り方

顔から体までぐるりとワイヤーで輪郭をとって刺繍をします。刺繍の上にも草花パーツを散らすように縫いつけて軽やかな雰囲気にまとめます。

型紙　100%

口絵 ──── P.14

材料
型紙
フェルト（15×15cm）　1枚
25番刺繍糸／DMC：738（クレイベージュ）、
　BLANC（白）、3024（グレー）、
　818（薄ピンク）、310（黒）　各適量
レース糸（白）／（#80、#120、#160）　各適量
アートフラワー用染料　各適量→P.27参照
ワイヤー（白／#35）　適量
ブローチピン（28mm）　1個
接着剤

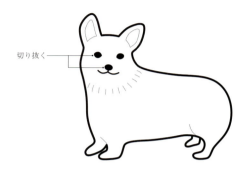

切り抜く

※コピーまたは線を写しとってご使用ください。

作り方　I 型紙を写す
　フェルトの上に型紙を置き、水で消えるペンで輪郭を写す。

II 刺繍をする　糸はすべて1本どりで下記の順に刺繍をする。刺繍が終わったら、水を含ませたキッチンペーパーなどを当てて、輪郭線を消しておく。

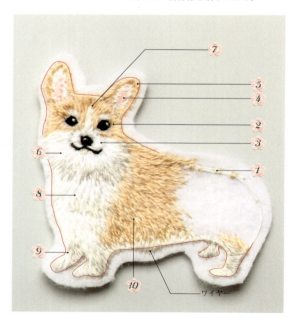

1　輪郭／ワイヤー、クレイベージュ
　…コーチングステッチ（→P.53）

2　目／黒、白…フリーステッチ（→P.52）

3　鼻・口／黒、白…サテンステッチ、
　アウトラインステッチ
　鼻は横方向に刺し、口にかけてはアウトラインステッチで描く。鼻に少量の白を刺す。

4　耳の内側／薄ピンク、白
　…フリーステッチ

5　耳の外側／クレイベージュ
　…オーバーキャストステッチ（→P.53）

6　顔、鼻の上、目の上／白…フリーステッチ
　鼻の上はタテ方向に、目の上は斜めに刺す。

7　頭／クレイベージュ…フリーステッチ
　目のまわりをステッチしてから刺す。

8　首から胸／グレー、白…フリーステッチ
　首まわりをグレーで刺してからグラデーションになるように白を刺す。

9　足／グレー、白、クレイベージュ…フリーステッチ
　グレーと白のグラデーションになるように刺す。後ろ足の上にはクレイベージュを少し刺す。

10　体／クレイベージュ…フリーステッチ

ワイヤー

70

III 草花パーツを作る　表を参照し、必要なパーツを編んで染めて乾かしておく。

	パーツ名	糸の太さ	個数	編み方	配色(P.51)
A	パンジー	#120	1	P.38	2番、3番、4番
B	スミレ	#120	2	P.34	6番、13番
C	三つ葉(小)	#120	1	P.46	13番
D	小花(小)	#120	3	P.32	1番、6番、13番
E	小花(小)	#160	1	P.32	5番
その他	小花(小)	#80	8〜9	P.32	1番、3番、21番

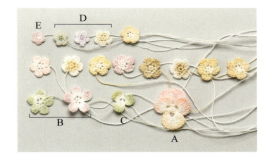

IV 輪郭→内側の順に、草花パーツを縫いつける

小花を体の輪郭に縫いつけてから、メインになる花を中心に縫いつける。

小花(小)を体のまわりに縫いつけてから、刺繍の上にもD、Eの小花を散らして縫いつける。

フェルトが見えなくなるように、パンジー、スミレ、三つ葉を縫いつける。

※仕上げ方はP.21参照。

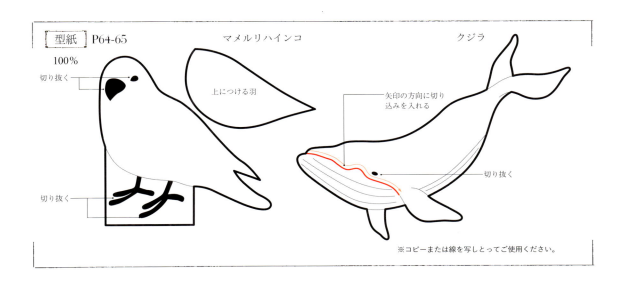

ネコの作り方

顔から体までぐるりとワイヤーで輪郭をとって刺繍をします。刺繍の上にも草花パーツを散らすように縫いつけて愛らしい雰囲気に。

[型紙] 100%

口絵 ——— P.14

[材料]
型紙
フェルト（15×15cm）　1枚
25番刺繍糸／DMC：BLANC（白）、
　818（薄ピンク）、310（黒）、
　415（ストーングレー）各適量
レース糸（白／#80、#120、#160）　各適量
アートフラワー用染料　各適量→P.27参照
ワイヤー（白／#35）　適量
ブローチピン（35mm）　1個
接着剤

切り抜く
切り込みを入れる

※コピーまたは線を写しとってご使用ください。

[作り方]　I 型紙を写す
フェルトの上に型紙を置き、水で消えるペンで輪郭を写す。

II 刺繍をする　　糸はすべて1本どりで下記の順に刺繍をする。刺繍が終わったら、水を含ませたキッチンペーパーなどを当てて、輪郭線を消しておく。

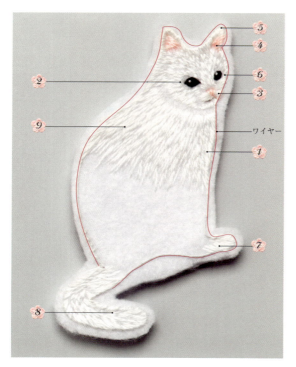

ワイヤー

1 輪郭／ワイヤー、白…コーチングステッチ（→P.53）

2 目／黒、白…フリーステッチ（→P.52）

3 鼻・口／薄ピンク、ストーングレー、白
　…サテンステッチ、アウトラインステッチ
　鼻の中心は薄ピンクでタテ方向にサテンステッチ。口にかけてはストーングレーでアウトラインステッチ。口と鼻の間を白で水平に刺して埋める。

4 耳の内側／薄ピンク…フリーステッチ

5 耳の外側／白…オーバーキャストステッチ（→P.53）

6 顔、頭／白…フリーステッチ
　中心から放射状に刺す。

7 足／白…フリーステッチ

8 尾／白…フリーステッチ

9 体／白…フリーステッチ
　首を1mmあけて、自然な毛並みに見えるように下に向かってランダムに刺す。

III 草花パーツを作る　表を参照し、必要なパーツを編んで染めて乾かしておく。

	パーツ名	糸の太さ	個数	編み方	配色(P.51)
A	パンジー	#120	1	P.38	2番、4番、6番
B	アネモネ	#120	1	P.40	6番、7番(花芯)
C	スミレ	#120	1	P.34	3番
D	小花(大)	#80	4～5	P.30	2番、3番、4番
E	小花(小)	#120	3	P.32	1番、4番、6番
F	小花(小)	#160	2	P.32	3番、6番
その他	小花(小)	#80	7～8	P.32	1番、2番、3番、6番

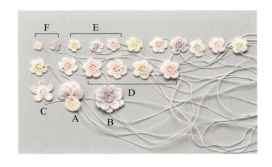

IV 全体→中央の順に、草花パーツを縫いつける

下半身を中心に小花を縫いつけてから、パンジー、アネモネ、スミレなどのメインの花を上に縫いつける。

小花(小)を刺繍のない面全体に縫いつけてから、刺繍の上にもE、Fの小花を散らして縫いつける。

パンジー、アネモネ、スミレを重ねるように縫いつける。
※仕上げ方はP.21参照。

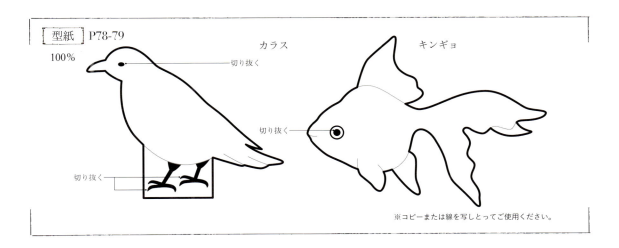

野ウサギ [白ウサギ] の作り方

ワイヤーを使わずにアウトラインステッチで輪郭をとってやさしい雰囲気に。刺繍糸の色と草花パーツの着色を変えれば白ウサギを作ることもできます。

[型紙] 100%

口絵 —— P.15

[材料]
型紙
フェルト（15×15cm）　1枚
25番刺繍糸／DMC：415（ストーングレー）、
　BLANC（白）、818（薄ピンク）、
　310（黒）　各適量
　［白ウサギ］DMC：BLANC（白）、
　818（薄ピンク）、498（赤）　各適量
レース糸（白／#80、#120、#160）　各適量
アートフラワー用染料　各適量→P.27参照
ブローチピン（35mm）　1個
接着剤

切り抜く

※コピーまたは線を写しとってご使用ください。

[作り方]　I 型紙を写す
フェルトの上に型紙を置き、水で消えるペンで輪郭を写す。

II 刺繍をする　糸はすべて1本どりで下記の順に刺繍をする。刺繍が終わったら、水を含ませたキッチンペーパーなどを当てて、輪郭線を消しておく。［］は白ウサギ

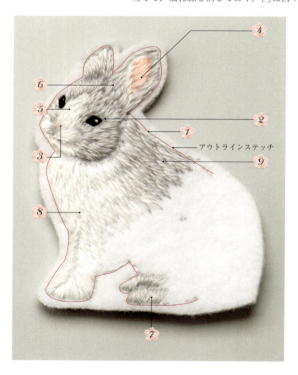

1　輪郭／ストーングレー、白［白］…アウトラインステッチ（→P.52）

2　目／黒［赤］、白［白］…フリーステッチ（→P.52）

3　鼻・口／薄ピンク［赤］、ストーングレー［赤］、白［白］
　…サテンステッチ、アウトラインステッチ
　鼻上から口を薄ピンク［赤］で刺す。野ウサギの鼻筋はストーングレー［赤］で刺す。口と鼻の間を白［白］で横に刺す。

4　耳の内側／薄ピンク［薄ピンク］、白
　…フリーステッチ
　薄ピンクで内側を埋め、野ウサギは、さらに白でタテに1ライン刺す。

5　鼻の上／白［白］…フリーステッチ

6　頭から耳／ストーングレー［白］…フリーステッチ
　目のまわりから頭、左耳のまわり、右耳を刺し、頬まで放射状に刺す。

7　後ろ足／ストーングレー［白］…フリーステッチ

8　胸から前足／白［白］…フリーステッチ
　胸から続けて足を刺す。両足の境目は少しあける。

9　背中／ストーングレー［白］、白…フリーステッチ
　野ウサギは、ストーングレーを刺したら、白を上にランダムに刺してなじませる。

III 草花パーツを作る　表を参照し、必要なパーツを編んで染めて乾かしておく。

◆ 野ウサギ

	パーツ名	糸の太さ	個数	編み方	配色(P.51)
A	パンジー	#120	1	P.38	6番、10番、11番
B	スミレ	#120	1	P.34	6番(ランダムに着色)、7番
C	三つ葉(小)	#120	1	P.46	14番
D	葉	#80	1	P.35	10番
E	小花(大)	#80	3〜4	P.30	6番、7番、10番
F	小花(小)	#120	3〜4	P.32	10番、11番
G	小花(小)	#160	1	P.32	8番
その他	小花(小)	#80	8〜9	P.32	6番、8番、10番、11番

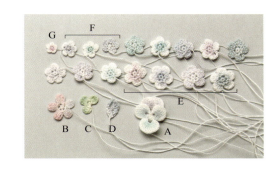

◆ 白ウサギ

	パーツ名	糸の太さ	個数	編み方	配色(P.51)
A	パンジー	#120	1	P.38	2番、3番、4番
B	スミレ	#120	1	P.34	5番
C	三つ葉(小)	#120	1	P.46	14番
D	葉	#80	1	P.35	13番
E	小花(大)	#80	3〜4	P.30	2番、4番、13番
F	小花(小)	#120	3〜4	P.32	3番、4番、5番
G	小花(小)	#160	1	P.32	4番
その他	小花(小)	#80	8〜9	P.32	3番、4番、5番

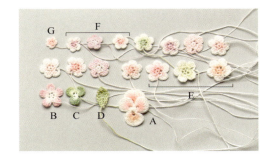

IV 全体→中央の順に、草花パーツを縫いつける

小花を全体に縫いつけてから、上に重ねるようにパンジー、スミレなどのメインの花を上に縫いつける。

葉は尾に、小花は体全体に縫いつける。小花Gは耳の下につける。

小花の上に重ねるようにパンジー、スミレ、三つ葉を縫いつける。

※仕上げ方はP.21参照。

シロクマの作り方

腕から顔までをワイヤーで輪郭をとって刺繍をします。草花パーツは下半身を中心にたっぷり縫いつけましょう。

[型紙] 100%

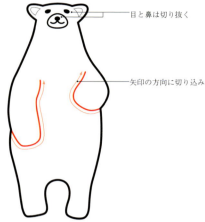

- 目と鼻は切り抜く
- 矢印の方向に切り込み

口絵 ——— P.17

[材料]

型紙
フェルト（15×15cm）　1枚
25番刺繍糸／DMC：BLANC（白）、
　3866（アイボリー）、310（黒）、
　414（グレー）　各適量
レース糸（白／#80、#120、#160）　各適量
アートフラワー用染料　各適量→P.27参照
ワイヤー（白／#35）　適量
ブローチピン（35mm）　1個
接着剤

※コピーまたは線を写しとってご使用ください。

[作り方]　**I　型紙を写す**

フェルトの上に型紙を置き、水で消えるペンで輪郭を写す。

II　刺繍をする

糸はすべて1本どりで下記の順に刺繍をする。刺繍が終わったら、水を含ませたキッチンペーパーなどを当てて、輪郭線を消しておく。

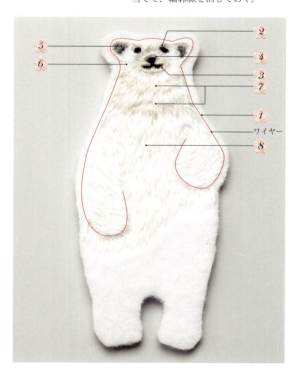

ワイヤー

1. 輪郭／ワイヤー、白…コーチングステッチ（→P.53）
2. 目／黒…フリーステッチ（→P.52）
　少したれ目にするのがポイント。
3. 鼻・口／黒…サテンステッチ、アウトラインステッチ
　鼻は逆三角形になるように横方向にサテンステッチしてから、口をアウトラインステッチで描く。
4. 鼻のまわり／アイボリー…フリーステッチ
　中心から放射状に刺す。
5. 耳／グレー、白…フリーステッチ、オーバーキャストステッチ（→P.53）
　内側をグレーで刺してから外側のワイヤーをおおうようにオーバーキャストステッチをする。
6. 顔、頭／白…フリーステッチ
　鼻から放射状に刺す。
7. 首／アイボリー、白…フリーステッチ
　自然な毛並みに見えるようにアイボリーと白を刺す。
8. 体・腕／白…フリーステッチ

III 草花パーツを作る　表を参照し、必要なパーツを編んで染めて乾かしておく。

	パーツ名	糸の太さ	個数	編み方	配色(P.51)
A	パンジー	#120	1	P.38	1番、10番
B	アネモネ	#120	1	P.40	9番
C	スミレ	#120	1	P.34	11番
D	スミレ	#160	1	P.34	11番
E	葉	#160	1	P.35	14番
F	小花(大)	#80	4〜5	P.30	1番、10番、11番
G	小花(小)	#120	3〜4 (1つはアレンジ)	P.32	1番、10番
H	小花(小)	#160	1	P.32	11番
その他	小花(小)	#80	8〜9	P.32	1番、10番、11番

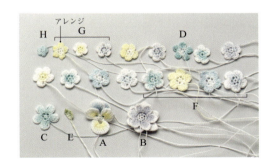

IV 全体→中央の順に、草花パーツを縫いつける

小花を足を中心に縫いつけてから、パンジー、アネモネ、スミレなどのメインの花を上に縫いつける。

足全体と下半身に大小の小花を縫いつける。刺繍の上にも小花を散らす。手の上にスミレ(D)と葉をつける。GのアレンジとHを胸のあたりにバランスよく縫いつける。

パンジー、スミレを左右の足に縫いつける。アネモネは花芯と一緒に縫いつける。

※仕上げ方はP.21参照。

カラスの作り方

全体をワイヤーで輪郭をとって刺繍をします。草花パーツは羽全体に縫いつけ、中央にツバキをつけます。

口絵 ——— P.17

[材料]

型紙
フェルト(15×15cm) 1枚
25番刺繍糸／DMC：310（黒）、414（グレー）、
　3799（オフブラック）、
　BLANC（白）各適量
レース糸(白／#80、#120、#160)、
ミシン糸(黒／#60) 各適量
アートフラワー用染料　各適量→P.79参照
ワイヤー（白／#35） 適量
ガラスビーズ（黒／∅2mm） 1個
ブローチピン(35mm) 1個
接着剤

[作り方]

I 型紙を写す　型紙 → P.73

フェルトの上に型紙を置き、水で消えるペンで輪郭を写す。

II 刺繍をする

糸はすべて1本どりで下記の順に刺繍する。刺繍が終わったら、輪郭線を消しておく。

1. 輪郭／ワイヤー、黒
　…コーチングステッチ（→P.53）
2. 目／黒、白…フリーステッチ（→P.52）
3. 顔から頭／グレー
　…フリーステッチ
4. くちばし／オフブラック、黒
　…オーバーキャストステッチ（→P.53）、
　フリーステッチ
　上部のワイヤーをおおうようにオフブラックを刺し、下部を黒で刺す。
5. 首から体／オフブラック、黒
　…フリーステッチ
　オフブラックから黒のグラデーションになるように刺す。
6. 足／黒
　…オーバーキャストステッチ
7. 尾／黒、グレー…フリーステッチ、
　アウトラインステッチ
　黒で埋めてから、グレーの横筋を2本、アウトラインステッチで入れる。

キンギョの作り方

ワイヤーで全体の輪郭をとって刺繍する。中心の花パーツはアネモネに代えても可。

口絵 ——— P.16

[材料]

型紙
フェルト(15×15cm) 1枚
25番刺繍糸／DMC：347（赤）、
　760（濃サーモンピンク）、818（薄ピンク）、
　BLANC（白）、310（黒）各適量
レース糸(白／#80、#120、#160) 各適量
アートフラワー用染料　各適量→P.27参照
ワイヤー（白／#35） 適量
パールビーズ（白／∅1mm） 5個
ブローチピン(35mm) 1個
接着剤

[作り方]

I 型紙を写す　型紙 → P.73

フェルトの上に型紙を置き、水で消えるペンで輪郭を写す。

II 刺繍をする

糸はすべて1本どりで下記の順に刺繍する。刺繍が終わったら、輪郭線を消しておく。

1. 輪郭／ワイヤー、白、薄ピンク、濃サーモンピンク、赤…コーチングステッチ（→P.53）
2. 目／黒、白…フリーステッチ（→P.52）
3. 目のまわり／白、薄ピンク、濃サーモンピンク…フリーステッチ
　グラデーションになるようにぐるぐると刺す。
4. 口／赤、薄ピンク…アウトラインステッチ
　赤の上に薄ピンクを刺す。
5. 頭／薄ピンク、赤…フリーステッチ
　グラデーションになるように刺す。
6. 胸びれ、腹びれ、尾ひれ、背びれ／赤、濃サーモンピンク、薄ピンク、白…フリーステッチ
　グラデーションになるように刺す。

78

III 草花パーツを作る

表を参照し、必要なパーツを編んで染めて乾かしておく。

	パーツ名	糸の太さ	個数	編み方	配色（P.51）
A	ツバキ	#80	1	P.36	19番
B	小花（小）	#80	6～7	P.32	10番（濃いめ）、19番
C	小花（小）	#120	4～5	P.32	19番
D	小花（小）	#160	2～3	P.32	19番
E	小花（小）	ミシン糸 #60	1	P.32	黒糸で編む
その他	小花（大）	#80	5～6	P.30	10番、19番（濃淡で変化をつける）

IV 輪郭→内側の順に、草花パーツを縫いつける

モチーフ表を参照し、必要なモチーフを編んで染めて乾かしておく。

体のまわりに小花を縫いつける。小花C、Dは顔の付近にもつける。

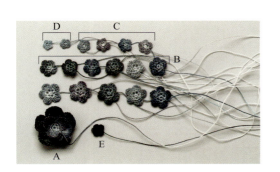

中心にツバキを縫いつけ、花芯としてガラスビーズを接着する。

※仕上げ方はP.21参照。

III 草花パーツを作る

表を参照し、必要なパーツを編んで染めて乾かしておく。

	パーツ名	糸の太さ	個数	編み方	配色（P.51）
A	ツバキ	#80	1	P.36	20番（斑に染める）
B	小花（大）	#80	3～5	P.30	4番、20番
C	小花（小）	#120	1～2	P.32	4番
D	小花（小）	#160	3～4	P.32	4番
その他	小花（小）	#80	6～8	P.32	4番、20番

IV 輪郭→内側の順に、草花パーツを縫いつける

刺繍のない面のまわりに小花を縫いつけ、ツバキを上に縫いつける。

刺繍のない部分を小花で埋め、刺繍の上には小花C、Dを散らす。

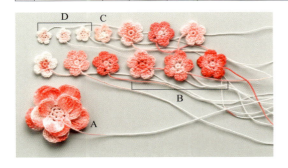

ツバキを中心に縫いつけ花芯にパールビーズを接着する。

※仕上げ方はP.21参照。

Lunarheavenly
中里華奈

レース編み作家。和裁をする母を見て育ち、子供の頃より手芸に親しむ。2009年にLunarheavenlyを立ち上げる。現在は個展、イベント出展、委託販売などで関東を中心に活動中。著書に『かぎ針で編むルナヘヴンリィの小さなお花のアクセサリー』（小社刊）がある。

Twitter　　@Lunar_h
Instagram　lunarheavenly
blog　　　http://lunaheavenly8.jugem.jp/

撮影	安井真喜子
スタイリング	鈴木亜希子
ブックデザイン	瀬戸冬実
図版・編み図	長瀬京子　工藤典子
型紙	AD・CHIAKI
編集協力	株式会社童夢

撮影協力
CARBOOTS
〒150-0034　東京都渋谷区代官山町14-5　シルク代官山1F
電話　03-3464-6868

finestaRt
〒152-0003　東京都目黒区碑文谷4-6-6
電話　03-5734-1178

材料協力
ディー・エム・シー株式会社
〒101-0035　東京都千代田区神田紺屋町13番地 山東ビル7F
電話　03-5296-7831
http://www.dmc.com

クロバー株式会社
〒537-0025　大阪市東成区中道3-15-5
電話　06-6978-2277（お客様係）
http://www.clover.co.jp/

株式会社誠和
〒161-8552　東京都新宿区下落合1-1-1
電話　03-3364-2112
http://seiwa-net.jp/

本書に掲載されている作品及びそのデザインの無断利用は、個人的に楽しむ場合を除き、著作権法で禁じられています。本書の全部または一部（掲載作品の画像やその作り方図等）を、ホームページに掲載したり、店頭、ネットショップ等で配布、販売したりすることはご遠慮ください。

本書の内容に関するお問い合わせは、お手紙かメール（jitsuyou@kawade.co.jp）にて承ります。恐縮ですが、お電話でのお問い合わせはご遠慮くださいますようお願いいたします。

かぎ針編みと刺繡で描く ルナヘヴンリィの 小さなお花の動物たち

2017年12月30日　初版発行
2018年4月30日　4刷発行

著者	Lunarheavenly　中里華奈
発行者	小野寺優
発行所	株式会社河出書房新社
	〒151-0051　東京都渋谷区千駄ヶ谷2-32-2
	電話　03-3404-8611（編集）
	03-3404-1201（営業）
	http://www.kawade.co.jp/
印刷・製本	凸版印刷株式会社

Printed in Japan
ISBN978-4-309-28659-4

落丁・乱丁本はお取り替えいたします。
本書のコピー、スキャン、デジタル化等の無断複製は著作権法上での例外を除き禁じられています。本書を代行業者等の第三者に依頼してスキャンやデジタル化することは、いかなる場合も著作権法違反となります。